『キリスト教信仰』の弁証

『キリスト教信仰』の弁証

『信仰論』に関するリュッケ宛ての二通の書簡

■

F.D.E.シュライアマハー著／安酸敏眞訳

知泉書館

この拙い訳書を
H・ジャクソン・フォーストマン先生と
エドワード・ファーレイ先生の御霊に捧ぐ

凡　例

一、本書は、*Schleiermachers Sendschreiben über seine Glaubenslehre an Lücke*, neu herausgegeben und mit einer Einleitung und Anmerkungen versehen von Lic. Hermann Mulert (Gießen: Verlag von Alfred Töpelmann, 1908) を底本としているが、これはもともと „Über seine Glaubenslehre an Herrn Dr. Lücke“ として神学雑誌『神学研究批評』*Theologische Studien und Kritiken* 第二号（一八二九年）に二回に分けて掲載されたものである（2. Heft, 255-284; 3. Heft, 481-532)。

一、底本としたテクストは、最新の批判的全集（Friedrich Schleiermacher Kritische Gesamtausgabe）には、KGA I. Abt. 10（*Theologisch-dogmatische Abhandlungen und Gelegenheitsschriften* [Berlin & New York: Walter de Gruyter, 1990]）の三〇七―三九四頁に収録されているので、翻訳に際しては随時これを参照した。底本としたテクストに含まれている幾つかの誤植は、これによって訂正したものの、特別の場合を除いてあえて注記はしていない。なお、本テクストにはジェームズ・デュークとフランシス・フィオレンツァの共訳による優れた英訳書 Friedrich D. E. Schleiermacher. *On the Glaubenslehre: Two Letters to Dr. Lücke* (Chio, CA: Scholars Press, 1981) があり、訳出に際してはこちらも大いに参考にさせていただいた。しかし本書はあくまでもドイツ語原典からの翻訳書である。この点が英訳書の翻訳、つまり重訳本である松井睦・上田彰訳『シュライエルマッハーの神学』（ヨベル、二〇〇八年）とは根本的に異なっている。

一、読者が本書を上掲の『シュライエルマッハーの神学』と比較されると、訳文の内容にあまりにも大きな違いがあることに、おそらく愕然とされることと思う。それは原典訳と英訳からの重訳という相違をはるかに超えたものである。その原因がどこに存するかは、読者がドイツ語原文と英語訳文の両方を比較対照しつつ、ご自分で判断していただきたい。

一、ドイツ語原典の冒頭には、編者ヘルマン・ムーラートによる四ページほどの「序論」（Einleitung）が含まれているが、その部分は訳出せず、筆者自身の「解題」と「注」のなかにそのエッセンスを取り込むことにした。

一、ドイツ語原典には小見出しが一切施されていないし、改行されることも少ないので大変読みづらい。そこで本訳書では、英訳書に従って小見出しをつけ、改行も基本的に英訳書に倣うことにした。英語版は複雑なドイツ語の構文を、ときに思い切って刈り込んでコンパクトな表現に直しているが、本書は可能なかぎりドイツ語原典に忠実であろうと努めた。その結果、日本語として通りが悪い箇所も生じているが、その点はご寛恕願いたい。

一、訳文の文体については、いわゆる論文調の「である」とするか、あるいは丁寧な「です・ます」調にすべきか迷ったが、書簡の形式をとった文章である関係上、最終的には後者を採用することにした。

一、日本語として読み易くするために、言葉を補う必要があると判断した箇所には、〔 〕に入れて言葉を補った。但し、ドイツ語原文に頻出する各種の指示代名詞に関しては、その措置は取らず、それが指示している名詞を特定して逐一訳出することにした。しかしこの作業は思いのほか困難で、シュライアマハーの著作を翻訳する際の大きな困難の一つは、ここに存している。

一、注に関しては、底本にしたムーラート版の編者注、KGA のより正確な新注、さらに英語版に施されている実に詳細な訳注を、そのつど比較対照しながら、できるだけコンパクトな訳注を心掛けた。書誌情報の記載の仕方は、原則的に、*The Chicago Manual of Style*, 16th Edition（Chicago: University of Chicago Press, 2010）に準拠しつつ、引証される資料が圧倒的にドイツ語のものなので、部分的にドイツの慣行に従っている。

一、現代のわれわれには馴染みのない神学者や、注釈が必要と思われる用語や事項については、RGG[4]、TRE、『キリスト教人名事典』などを参照して注を付したが、その際、英訳書に広範囲にわたって施されている訳注も最大限に利用させていただいた。

目次

第一の書簡

第二の書簡

凡　例

『キリスト教信仰』の弁証

――『信仰論』に関するリュッケ宛ての二通の書簡――

第一の書簡

書簡の目的

親愛なる友よ、ついにわたしは、すでに筆記用具と用紙もほぼ整えて、『信仰論』の第二版に取りかかれるようになったと言えるほどに、ゆとりができました。しかし、子細に立ち入れば立ち入るほど、ますますこの仕事の困難さに胸が苦しくなります。ご存知のように、わたしはこのような状況に置かれている著者の立場がいかに不確かであるか、これまでもたびたび述べてきましたが、ひとたび現状のかたちで受け入れられ、公共の所有物と化している著作に、著者自身がどれくらい手を加えてよいものかを決定することは、なんと難しいことでしょうか。(1)もちろん、このことは芸術の分野に属すか、あるいはそれに簡単に触れる著作について、より言えることです。本来的に教説を扱う書物の場合には、事情は異なっています。万が一わたしが自分の見解を全面的に変えながら、しかも新著において旧著を無言のまま反駁するとか、あるいは少なくとも個々の点で、本質的な変更が必要であると考えているのであれば、他人がわたし自身の意に背いて旧著を弁護しようと、それどころか旧著をもとのまま新たに刊行しようと、それは自由でしょう。それはもはやわたしの教説でも見解でもないと宣言してしまえば、たちまちこのことはわたしに無関係だからです。そしてまさにそれゆえに、わたしはこうした側面からは、自分にとって好ましいと思われるようないかなる変更も企てる自由がある、と感じてきたのです。

しかしわたしの心配事は別のところにありました。そしてわたしは、これまでの類似の事例におけるのとはまったく異なる状況に身を置いている、と思いました。ある教説を提示している書物が、多種多様にかつ多面的に論評されていればいるほど、またそれに対する異論が種々に唱えられていればいるほど、それを新たに精査して手を入れる際に、完全な公正さを保つことがますます難しくなると、わたしはすぐにそう感じました。しかしながら、こうした公正さがないとおよそ進捗は不可能です。個々の部分そのものとそれら相互の関係だけを考察して、要するに、全身全霊で仕事に従事する代わりに、視線はつねに外へ向けられます。あれやこれやの人の顔が思い浮かび、ある箇所ではこう別の箇所ではああ述べている、ここで弁護論を持ち出し、あそこで間違いを指摘して訂正すべきではないか、でもそうすると著作の統一性と簡素さが損なわれざるを得ないのではないか〔などと、思い悩みます〕。

もしこの改訂作業が、目下感じているほど厄介なものだと、前もってわかっていたとしたら、わたしの方から改訂版の約束をする代わりに、出版社が有益かつ必要と見なすだけの部数を、改訂せずに刊行する権限を出版社に与えていたことでしょう。まったくその通りでして、今でもわたしは出版社に、そう考えてわたしをあの約束の履行から、少なくとも今後数年間、免除して欲しいと願っています。そうすれば、やがてこの驚くべき不協和音も鳴り止んで、その書物はより新しい出版物の背後に退いてしまうことでしょう。しかしその間に天に召されることもあり得るわけで、そうなるとわたしは自分の本に対してもはや何もできません。こうなることもわたしには気がかりでした。

このように心に迷いはありますが、わたしはこの作業に着手しなければなりません。このために必要な公平性と心の平安を獲得するには、いろいろなことについてわたしの胸の内を前もって打ち明ける以外には、手がないと思います。そのためにわたしはあなたを選んだ次第です。おわかりのように、わたしがあなたに求めるのは、純粋なる友情に基づく奉仕です。そして傾聴してくださることを要求するからといって、わたしはたとえばあなた自身がわたしの『信仰論』に完全に同意しておられることを前提するつもりはありませんし、あるいはあなたがそれを擁護する役を買って出るべきだと要求するつもりもありません。わたしはあなたに、自分がこの第二版で何をしようと考えているか、何をしようと考えていないか、またなぜそうなのか、ただそれのみを説明するつもりです。それはできないことはできないこととして片づけて、それをすっかり忘れて作業そのものに専念できるためです。

間違った批判に対する態度

そこで、まずあなたに告白しなければならないのは、ある友人が発した問いがずっと以前から、ますます心をかき乱すものとなって、わたしの耳のなかに鳴り響いているということです。それは、わたしが第二版で論敵と一体どう関わろうと考えているか、という問いです。わたしはその問いをはねつける術を知りませんでしたが、その問いにしたところでわたしの精神には全然則っていません。一般に、わたしは意図と行為にかかわる場合にのみ、敵を認識します。思想家には共働者しかいませんし、著作家には読者しかいません。両者の間に別の関係があることをわたしは知りません。万が一自分の本を通して分派や学派を設立する意図をもっていたとしたら、わたしが論敵をもつこともあり得たことでしょう。しかしわたしはそうしたことから完全に自由だと思います。そしてもし誰かがここでかかる意図をわたしに帰したとすれば、その人はわたしにとって、あくまでもつぎのような読者にすぎません。すなわち、もちろんわたしがある影響を及ぼしたとしても、彼のいうことは正しくないので、わたしにとって願ったり叶ったりとはいかない、そういう読者なのです。たしかに著作家は、自分の書物をできるだけ良いものにすることを、読者への義務として負っていますが、しかしそれ以上の義務はありません。しかしもしある読者がわたしの本について何かを書くとすれば、おそらくそのときには関係が逆転します。彼は自分の本を読むようわたしに要求する権利を、他のいかなる著作家よりももっているわけではありません。そしてわたしが彼の読者になるとき、わたしは彼の書物をできるだけ有効に活用するだけであって、それ以上の義務はありません。それゆえ、異論に答えるとか、物書きの読者のためにふたたび書き手になるといった類の義務については、わたしはこれをまったく理解できません。

したがって、万が一わたしのいわゆる論敵の一人が、わたしに根本的につぎのことを確信させていたとしたら、たとえば、わたしの著作は自己矛盾しているとか、(2) あるいは神に対する信仰はわたしが説明した見解と首尾一貫し得ないとか、(3) あるいはわたしがキリスト教信仰を空想に依存させているとか、(4) あるいは——おそらく本質的には同じことを述べているはずですが——わたしが異教をふたたびキリスト教のなかに導入しようとしているとか、(5) あるいはわたしの『信仰論』がローマ教会の教皇制度と完全によく調和しているとか、そういう些細なことですら、(6) 万が一これらのうちの一つでも正しければ、わたしの『信仰論』の第二版については問題にならなかったでしょうし、わたしとしてもこれ幸いとその機会をとらえて、それと関係を絶ったことでしょう。同様に、もしわたしの考えが個々の点に関して批判者によって正されたとすれば、その成果は新しい改訂版に絶対に見られなくてはなりません。しかしその数が多ければ多いほど、訂正してくださった方々をいちいち引き合いに出すことは、ますます不適切になることでしょう。

いわんや、わたしの確信によれば事柄の本質にまったく的中していないか、あるいは誤解に基づいているような異論については、わたしはこれに反駁する義務を認めることができません。著作家は批評家に反駁する義務を負うことはできません。批評家はどのみち絶えず事柄そのものに従事し、それゆえ自力で切り抜けることができるからです。同様に、著作家は一般読者に義務を負うこともできません。なぜなら、一般読者は書類を目の前にしており、各人は自分自身で決定する自由をもっているからです。それにまた、わたしには合点がゆきませんが、どうして読者層の総体は個々の読者よりも大きな権利をもつに至るべきでしょうか。もちろん、われわれ双方が、つまりわたしの批評家たちとわたしとが、大きな公開討論会の場で一般読者と一緒にいるのであれば、状況は異なったものとなるでしょう。そのときには、批評家たちが語った後で、わたしもまた語るべきであるとの、多数の声が一般読者から起こってくるであろうことは、もちろんわたしにも想像できます。そうした声に従わないことは難しいでしょうが、しかし彼らはわたしを非常に当惑した状況におくことになるでしょう。なぜなら、わたしは批評家たちと一体どのように社交上手につき合うべきか、すぐにはわからないだろうからです。

彼らは大きな敬意を表しつつも、実際には大部分、上記の人々も他の人々もそうですが、本来敬意とは決して両立し得ないことを、わたしに言っていないでしょうか。あるいはわたしが周知のような説教をするのであれば、あるいはおよそ説教職に就いているだけであったとしても、同時にわたしが、彼らが『信仰論』のなかに見出したとするような思想を抱いておれば、わたしは最も小さな敬意にしか値しないのでしょうか。ボンにいるわれわれの友人は(7)、この点でとくに辛辣です。けれども、彼がとびぬけて厳しい批判を述べている唯一の人ではありません。彼に劣らず尊敬に値する多くの人々が、同様に厳しい意見を表明しています。そういう人々の集会においても、わたしはつぎのように嘆願する以外には、他に言う術をほとんど知りません。すなわち、ご自身のために自らに誠実であってください。そしてもしわたしをそのような者だと見なされるのであれば、わたしに情けなぞかけず、むしろわたしにふさわしいとお考えの名称でご挨拶ください。あらゆる賞賛はお控えください。そして「最高に尊敬すべき人」(S. V.)(8)という語をまったくそのまま、いかなる装飾物も施さずに、神学博士(D. Th.)に適用してください。このような嘆願です。

わたしにとって最良のことは、わたしは彼らが考えるような者ではないということ、ただその一事です。それ以上のことをわたしはおそらく言わないでしょう。但し、それはつぎのような相矛盾する非難を申し立てた人々を除いての話です。たとえば、ある人はわたしをグノーシス主義者であると呼び(9)、別の人はグノーシス主義とまさに対置されるアレクサンドリア学派であるといいます(10)。ある人はわたしをシェリングに還元し(11)、別の人はヤコービに還元します(12)。ある人はわたしに修道士の道徳の原理を帰し(13)、別の人は、完全にそう明言しないだけのことで、わたしがキュレネ派であると考えます(14)。こうした人々に対してわたしは、まず自分たちの間でこの一件を決着させるべきだと、申し上げることができるでしょう。これはこのような場合に好都合な定式であって、ある友人は最近類似の論敵との間で成功裡にこれを用いました(15)。わたしが非常に愚かで、自分の全人生が陥っている自家撞着に気づかないとか、あるいは非常に軽はずみで、何一つ真剣に受け取らないために、自家撞着に陥っていることを喜んでいるとか、あるいは非常にみすぼらしくて、本当は最高度に気に入らぬに違いない職業に就く以外には、生計を立てることができないとか、まさにかかる前提からわたしの著作を見ているすべての人々も、おそらくそれ以上のことを期待することは許されないでしょう。

しかしながら、たとえその類の諸前提を度外視しようと欲したとしても、わたしがこのような人々や他の人々への返答に掛かり合う決心がつかないのには、それとは異なった種類の別の理由が相変わらず存在しています。すなわち、きわめて多くの異論がもっぱらつぎのような事実に基づいているということです。その事実とは、わたしがどこでも表明したことがなく、また一度も標榜することができなかったような言説が、それどころかわたしがそれとは正反対のことを述べているような言説までもが、わたしのものとして列挙されるということです。たとえば、われらのデルブリュックは、いかにしてわたしの教説がおそらくキリスト教会の外での再生をも仮定しているとの前提に至ったのでしょうか。(19) 彼が当該の教理命題をざっとでも見たということは、あり得ることでしょうか。ルスト氏は、わたしが幼年時代の神は消え失せたと述べた箇所から、わたしが子供っぽい形式の敬虔をしっかりとどめていると、いかにして推論するに至ったのでしょうか。(20) そして挙句の果てに、彼はここからわたしの全体系を説明しようとするのです！(21)

しかしテューービンゲン学派出身の別の尊敬に値する人(22)は、わたしがその特殊的な位格における出現をまだ考慮せずに、キリストを神のロゴスとして教えようとしたとして、その憶測からわたしの教説における歴史的キリストの後退を帰結しようとします。(23) しかしこのような表象はわたしの書物のどこにも見られませんし、またわれわれの友人のニッチュ(24)は、まったく正当にも、それはむしろわたしの見地を回避するあの教会的概念に属している、と述べています。(25) しかしおそらくこの神学者［クライバー］(26)は、バウア教授と同じ道を歩んできています。というのは、バウア氏は、わたしがキリストにおける原型的なものと歴史的なものとについて語るという理由で、わたしに二重のキリスト、つまり原型的キリスト（ein urbildlicher Christus）と歴史的キリスト（ein historischer Christus）を押しつけ、そして歴史的キリスト――わたしはこれについてのみつねに語っているにもかかわらず――を原型的キリストのずっと下位に位置づけるからです。[27] クライバー氏が、内的キリストはまた歴史的位格においても現れなければならない――わたしはこの「また」ということをわたしの習慣に完全に反しても強調しなければなりません。なぜなら、全アクセントはこの「また」に置かれているからです――という命題をもわたしに帰している以上、〔クライバー氏がバウア氏と同じ誤解をしているのではないかという〕この嫌疑はますますもっともらしく思えます。[28] なにしろ、あたかもわたしの著作のなかに歴史的キリストに先行する内的キリスト（ein innerer Christus）の痕跡が見られるかのように言うのですから！

とんでもない話ですが、この学派〔テュービンゲン学派〕はわたしの『信仰論』について語るとなると、そのようなすりかえやあてこすりを恐ろしく多用いたします。わたしがそのような観念論的なしろものに反対して明確に述べたことは――『テュービンゲン神学時報』第一巻二五一頁参照――、それへの賛成論へと捻じ曲げられます。[29] そして他に手がない場合には、バウア氏が行っている前提がわたしの言説によって除去されていない以上、まさにこの前提がわたしの前提でなければならぬという議論にならざるを得ないのです。それどころか、わたしは〔『信仰論』〕第二巻二五三頁(30)で正反対のことを述べているのですが、わたしはこの学派の二つの異なる論文において、シュライアマハーによればキリストの無罪性と完全性についての伝達が、教えと実例とによって生じると記されているのを、読まざるを得ませんでした(31)。さて、『信仰論』の歴史的部分には、あらかじめ理念的あるいは哲学的部分に存在していなかったものは、何一つ存在しない(32)」とか、あるいは「わたしは神の理念のなかに三つの契機を定める(33)」が、そのうちの二つは非常にまずい仕方で把握されているので、それらが相互に排除し合うことすらないとか、あるいはわたしが「あらゆる変化を超越している神から、時間に従属した神を区別している(34)」とか、そういう命題ですらもわたしのものだと提示されるのであれば、わたしはこうした面々がシュライアマハーという人と行っている論争に口出しをすることを、自分の使命だと感じることは決してできません。なぜなら、彼らのいうシュライアマハーのなかに、わたしは自分自身を決して再認識できないからです。

さらに、すべてはわれわれのなかのキリストの生にかかっているので、自分にとってキリストの死と、それとともにキリストの歴史的人格全体は、余計なものと思われざるを得ない、と結論づけることができる人[35]は、わたしには理解できない論理を用いています。わたしはシュトイデル博士[36]に対して大いなる尊敬の念を抱いていますが、それにもかかわらず、彼の考え方についても同じことを言わざるを得ないのは、残念なことです。シュトイデル博士は、もしわたしが当時生きていたとしたら、わたしが自分自身の教説によって、イスラム教へとおびき寄せられたであろうと考えておられますが[37]、それはわたしが感覚的自己意識と高次の自己意識との合一と名づけるものを、彼が両者を和解させるイスラム教的契約をもって代用されるからです。しかしわたしの『信仰論』[38]の序論そのものにおいて、イスラム教について語られていることをお読みくださされば、この訴訟は完全に消滅してしまいます[39]。

知識と敬虔の関係

他の事例に関しては[40]、わたしは問題をどう処理してよいかわかりません。なぜなら、不和が単なる言葉の争いでないとすれば、不和の原因はわたしが調停できるような次元よりも、はるかに深いところにあるように思われるからです。わたしにとってブレトシュナイダー博士はそういう具合です。彼がまず提示する不和は、わたしにはきわめて容易く取り除かれるように思われます。この神学者はわたしを無意識的な感情へと赴くよう促すことによって、感情と自己意識との同一性を否定します[41]。ここには、彼がわたしとは異なった仕方で感情という表現を用いているということ、それ以外の何物もありません。しかし自己意識の使用に関しては、われわれの意見は一致しています。それゆえ、もしわたしが感情という表現を、彼がそれを用いる意味にただちに委ねるとすれば、そして意識とはわれわれの存在のその都度の規定のされ方についての一つの知識であるという、意識についての彼の説明は、まさしくわたしが自己意識のもとに理解しているものを言い表わしていると、もしわたしが言うとすれば——但し、わたしは知識という表現をここではあまり用いたくありません。またこれは周知のこととして仮定できると思いますが、他者と同じことを意味しているとの確信に到達できさえすれば、わたしにとって術語はあまり重要ではありません——、われわれの間の不一致はあとでようやく問題になるものです[42]。すなわち、真の不一致が問題になるのは、ブレトシュナイダー博士が、まさに存在自体のこの様態は敬虔が属している当の領域に依存しており、そして感情は思考されたもの（das Gedachte）にのみ関連づけられるのであるから、この様態についての知識もさしあたり観念の把握に依存している、とお考えになるときです[43]。わたしにはこれは、ひとは存在のあの様態についての知識に到達する前に、まず神の観念を捉えていなければならない、というふうにしか理解できません。もちろん、わたしはこのような考えを完全に否定せざるを得ません。

さしあたりつぎのように述べさえすればよいでしょう。わたしは神の観念をあらかじめ把握することを、敬虔のなかに含めて考えなかったと。その理由は、神の観念はわたしの存在の様態の仕方についての知識でもなく、またこの知識からはじめて発展させられもしないからです。かくして、ふたたび言葉の領域をめぐる論争にすぎないように思われるでしょう。

しかしより厳密に考察すれば、ブレトシュナイダー博士と私との間には非常に深く根ざした相違が基礎にあります。わたしとしてはすでにできることはすべてやったので、これ以上この相違を調停することを期待できません。それゆえ、すでに述べたことを別の言葉で言うしかないと思うのです。というのは、わたしが真っ先にあの有名なエジプトの修道士のこと(44)——つまり、神をもはや身体的形態で考えないよう要求されたとき、すてばちな気持ちになり、それゆえ、ブレトシュナイダー博士がお考えの神の観念を、たしかに自発的に把握しておらず、むしろ最高の存在についての伝統的な表象すらも自らの無能さによって曇らせてしまった、あの修道士のことですが——を前面に押し出したとしたら、感情はただ思考されたことにしか関連づけられないという理由で、ひとはこの哀れな男から、彼の敬虔が彼の抱く観念よりも純粋で優れていた可能性を奪おうとするのでしょうか。そして神についてのその表象が、たとえあまり粗野ではないとしても、相変わらずきわめて不完全であり、にもかかわらず、その敬虔さが素朴かつ純粋であるような人々が大勢存在するとすれば、神の観念を把握するに至る以前ですら、自己意識の様態としての敬虔が存在することができるということを、信じてはならないのでしょうか。そしてわたしがいま自由の意識を、つまり自己意識としてもまた、引き合いに出すとすれば[45]、これもまた自由の観念が把握されてからでないと存在することはできず、そしてこの自由を把握しなかった人は、自分自身をそのように意識した者として行動することもできない、というのでしょうか。そしてわたしが、神の観念を把握しており、また他のすべての指導的思想と同様、神の観念を考慮に入れて推論するが、思考に対応した感情は立ち現れず、また感情の痕跡がその生のどこにも辿れないような、そういう理屈をこねる大勢の人間の事例を、上述の修道士とは正反対のものとして挙げるとすれば、わたしがそれにもかかわらず、神の観念の把握は、それ自体として考察した場合、敬虔には属さないし、必ずしも敬虔のなかの第一の要素ではない、と言ってはならないのでしょうか。親愛なる友よ、わたしはこれらすべてのことをさまざまに述べてこなかったでしょうか。それゆえ、なぜ繰り返し述べる必要があるのでしょうか。私見によれば、こうした見解とわたしのそれとの間では、この件はすでに決着がついており[46]、したがって、各人は自分で検証し決断しなければならないのです。再話(Deuterologien)は語句反復(Palillogien)[47]にすぎないのです。

亡きチルナー[48]の『あるドイツ人の書簡』のなかに類似の所感が載っていますが、あなたがそれを落掌しておられるかどうか、わたしにはわかりません。それには上記のものとかなり同一の事情があります。彼が敬虔における最も根源的なものは、感情ではなく、知識や行為でもなく、心術（Gesinnung）であると言うとき[49]、彼はこれら三つのものを相互に並列させていますが、最後のものをより内面的でより高次のものとして表示しようとしているように思われます。しかしわたしは、自分が感情と呼んでいるものを、彼とまったく同じように位置づけることはいたしません。むしろわたしは、彼が心術を位置づけるのと同じように、感情を位置づけるのですが、わたしが心術という表現を用いないのは、その表現が言語の慣用に従えば、それ自体として圧倒的に実践的なものへの色合いを帯びている、という理由にすぎません。しかしわたしが、あらゆる情動を神意識と結びつけ、その情動をいわば神意識のなかに解消する、敬虔な人間の傾向性を考えるとき、そこから一致する思考様式と行動様式が発展してくるこの特有の感情様式が、明らかにその人間の心術を構成します。そのときわれわれの間の不和も非常に容易に取り除かれ得るように思われるでしょう。

しかしこの立派な人［チルナー］ですら、感情はつねに表象からはじめて起こると信じているように思われますし、また信仰の究極的根拠はつねに把握された諸観念間の必然的連関を洞察することであり続けると、明確に表明します。[50] こうしたさまをふたたび見るにつけ、わたしが敬虔感情（der fromme Gefühl）として理解していることは、決して表象から起こっているのではなく、直接的な実存的状況についての原初的言述（die ursprüngliche Aussage über ein unmittelbares Existentialverhältnis）であるということに、ふたたび立ち返らざるを得ません。そしてわたしはふたたび、ブレトシュナイダー博士に反対したのと同じように、反対の立場にあるのがわかります。

親愛なる友よ、あなたが自由闊達で力強いチルナーの早世を、わたしと同じように心から遺憾に思っておられることを、わたしは前提していますし、またわたしがブレトシュナイダー博士のさまざまな貢献を認めていることを、おそらくまた信じてくださっていることと思います。それゆえ、わたしが彼らと自分との間に存在する相違の理由だと信じていることを、お伝えしようと試みるとき、あなたはこれを、あたかもわたしがこれらの方々の不利益になることを言おうとしているかのように、解釈されはしないでしょう。たしかにわれわれの大きな教会共同体のなかには、自分自身でキリスト教の敬虔を経験する以前にこの職業に身をささげてきた、非常に多くの神学者が存在します。わたしがこのことを欠陥的なことと見なしていることは、拙著『神学通論』を一度でもお読みになった方はどなたでもわかります。[51] しかし現代の状況においては、この事態も避けがたいということを、わたしはまた洞察しています。それゆえ、そうした多くの方々においてだけであっても、このような対象に知的に従事することが機縁となって、生き生きとしたキリスト教的敬虔が徐々に発達するとすれば、それは実に素晴らしいことです。但し、彼らは――亡きゼムラーとともに語るならば[52]――、もう一人の有名な神学者が「宗教は神学の娘である」[53]という定式において行ったように、自分たちの特殊な歴史を何か普遍的なものとして確立すべきではないでしょう。将来の職業に関して考えが及ぶ前に、敬虔な青年期を過ごしており、したがって、敬虔は把握された諸観念間の何らかの連関を見抜くいかなる洞察にも依存しないということを、自分たちの特殊な過去の歩みから知っている人々は、必ずやこのような考えに対して異論を述べざるを得ません。

ここでわたしもこうした異議を申し立て、それによって――わたしの言語が必ずしも彼らの言語と同じでないとしても――一世紀以上も前から数多くの学派がつねに行ってきたことを行っている次第です。しかしわれわれは先の主張に必ずしも異論を唱えるべきではないのでしょうか。たとえいまのわれわれは、一般的に、敬虔が知者たちに隠されたままであると、もはや言うことができないとしても、神がそれをとりわけ未熟者に啓示されたということを、神に感謝する理由は必ずしもないのでしょうか[54]。未熟者とはすなわち、その敬虔が諸観念の連合

(complexus) に基づくべきだとすれば、それが決して大したものではないに相違ないような人々のことです。われらのルターもそのような人ではなかったでしょうか。そして彼は、敬虔を所有して保持することが肝心だったとき、まずもって自らの敬虔について熟考し始めなかったでしょうか。したがって、彼の神学は明らかに彼の宗教の娘だったのではないでしょうか。もし生き生きとした福音主義キリスト教が、思弁的でもなく、哲学的でもない民衆のうちにかくも深く根ざしていなかったとしたら、われらが福音主義教会はどうなっていたことでしょうか。民衆の敬虔は思考の対象に依拠することや、洞察された諸観念の連関に基礎づけられていることから、非常に遠ざかっており、したがって、民衆の大部分はようやく徐々に敬虔について考えることを学ぶのです。有難いことに、わたしは多くの他の方々とともにこう確信しています。われわれの敬虔と上記のような民衆の敬虔とは、以上のことにもかかわらず、相互に相違するものでは断じてないと。

これに対して、例の前提は、思考されたものを通してまず内的に興奮させられる能力がなく、またとくに――ここではそうならざるを得ないのですが――なかんずく自分自身の関心から一連の諸観念を把握することができない人々に、敬虔をまったく認めないか、あるいは思索家の敬虔から演繹された、自分自身のうちに根差していない敬虔のみを認めるかでしょう。だとするとそこから、知的教養のヒエラルキー、ないしは思弁を弄する祭司職が生じることでしょう。わたしの側では、このような祭司職をあまりプロテスタント的だと見なすことはできません。それはまた、わたしが遭遇せざるを得なかったところでは、一定の教皇庁的色合いを欠いていたことは一度もありませんでした。当然のことながら、このことには教会が果たす御言葉の奉仕についてのまったく異なった考え方が関連しています。彼らはみな教化のためにキリスト教的な説教をします。しかも異国の言語で与えられ、異国の風習から奪い取られた聖書が、民衆にまず解き明かされなければならないからだけではなく、民衆が段階的な移行によって、どの程度あの諸観念間の連関へと導き入れられるかを試みるためにも、彼らはキリスト教的な説教をするのです。

これに反して、われわれのうちの別の人々にとっては、明瞭かつ活気づけるやり方で共通の内的経験を叙述することのみが重要なのです。そして教説として出現するものは、これに対する準備であり手段にすぎないのです。われわれは、たとえば最初の教程で諸観念を伝達し、つぎの教程で敬虔をそれに基礎づけることにより、おのが共同体のなかにまったく新しいものを供給しているのだと、うぬぼれたりはしません。むしろ所有物は共有であり、またわれわれは、所有しているものをより正確に解説し、それに対する喜びやそれへの配慮を呼び覚ますことを通してのみ、兄弟姉妹に奉仕するのです。

さて、この二つの立場は、きわめて当然のことながら、教義学の概念においても同様に互いに疎遠になります。なぜなら、第一の立場にとって教義学は、おそらく諸観念を編成することであらねばならず、そこからはじめて敬虔が生み出されるべきだからです。あるいは教義学は、おそらくこうした諸観念を証明すべきですらあるのです。というのは、わたしの選んだ方法ではほとんど証明することができないと、亡きチルナーが明確に苦情を述べているからです。[55] しかしながらわたしは、そのような諸観念については毫も知りませんし、ましてや諸観念の証明については知りません。それにわたしは、もし敬虔がすでに存在しないのであれば、教義学は何に由来すべきなのか、まったくもってわかりません。

それに関して、親愛なる友よ、最近新たに創刊されたある神学雑誌[56]を思い起こしました。その雑誌はこのテーマに関して露払い的な記事を載せ、わたしが神学的技法のための教義学の実践的応用と教義学そのものとを混同していると、わたしに苦言を呈しています。[57] ところで、これもまたもちろん言葉をめぐる争いにすぎません。なぜなら、わたしの教義学は教義学であるという以外のいかなる要求もしないと、わたしはたしかに明確に述べてきたからです。[58] それゆえ、教義学はあらゆる実証的なものを（歴史的な衣を纏ったものにすぎないとして）除去して、普遍的な理性信仰の純粋な真理のみを問うべきであると、教義学に要求する人は[59]、わたしとは違う意味で教義学という言葉を用いているのです[60]。しかもわたしがずっと以前から疑念を呈してきたものを、あたかもそのようなものも成立し得るかのごとくに後押しして、用いているのです[61]。

ちなみに、思い起こしていただければ、あなた自身もあまり明瞭でも堅実でもないとお感じになったその論文が、なぜいまふと思い出されたかといえば、それは以下のような次第です。その著者は、教義学がキリスト教に対して仕えるのと同じ仕方で、いわゆる自然宗教——なぜなら、他の仕方で表現できないからですが——に対して仕えるような叙述を追求しています[62]。というのは、彼は自立的な理性信仰の例の純粋な真理を、原初的な純粋な人間感情から汲み出そうと欲しているからです。ところでわたしは、付随的に暗示されているにすぎませんが、このようにわたしの方法が空想的領域に昇華されることについて、つぎのように考えて自らを慰めています。すなわち、それによって危険な、あるいは破壊的な昇華物は何も生じないし、むしろいかなるものも生じないと。しかしあのように把握された諸観念の連関を見抜く洞察によって敬虔を基礎づけるとなると、事情が全く異なります[63]。なぜなら、その著者が言い表しているように、実証的なものが哲学によって構成されるとしても、そしてそのように構成する人が、それが敬虔といかに連関しているかを見抜くことができない知性の乏しい人々を、十分長きにわたって見下してきたとしても、彼らは最後にはお互いに認めなければなりません。彼らの思弁はそれをすでに見つけていなかったとすれば、実証的なものを構成しなかったであろうし、それゆえ、思弁が実際に見出すような敬虔は、根拠づけられていないもの、恣意的なもの、偶然的なもの、それゆえ無に等しいものであって、哲学は名誉のためにそれとはいかなる関係ももつことができないと。そしてそのとき、哲学はごく少数の者がそこへと前進する極寒の極地圏でのみ君臨し、そして敬虔は諸観念からは決して発展しないということが、不幸な仕方で表沙汰になると、多くの高貴な、とくに若い人たちですら、哲学に対する畏敬の念から、同様に敬虔を放棄し、これを無知なる者たちに委ねるようになるということが、遺憾ながら心配されなければなりません。だが、こうした人々のために、われわれのうちの他の者たちが残って[64]おり、彼らは証明や諸観念によらないで、古い「論証不可能な原理」(λόγος ἀναπόδεικτος)を用いて、こうした人々に敬虔を解き明かし、それを堅固なものにするよう努めます。しかし、もしこのような邪路へと導かれなかったとすれば、われわれのために素晴らしい手助けができたであろう人々にとっては、それは気の毒なことです。しかしながら、わたしは脇道にそれたところから本題に戻ります。そしてある非常に深く根ざしかつ広範囲にわたる反目を、つまり、行為によって、または抗争し合う双方の陣営の影響力を消耗し尽くすことによって、あるいは平静な漸進的な意思の疎通によってのみ、解決されることができるような反目を、たった一つの論点についての討議で調停することを、あなたがわたし以上に実行可能であると見なされるかどうか、お尋ねいたします。わたしはあなたがこの問いを否認され、それゆえわたしの沈黙を是認されることを確信しています。

依存感情についての誤解

そしてあなたも間違いなく、わたしが奇妙極まりない誤解に掛かり合うことを、自らの義務とは見なすことができず、わたしがそれに関して、最良の良心をもって、自分には責任がないと主張できることを、当然のこととお考えになるでしょう。それともあなたは、神への絶対依存によって人間の自由が止揚されるということを、誰も信じ続けることができないようにするために、わたしのもとの解説に特別な校註を付加することを、いまなお骨折り甲斐のあることとお考えでしょうか。わたしはその要求に関しては、すてばちになるかもしれません。というのは、わたしはそれに関して、すでにやったよりも明確に言い表わす術を知らないからです。しかしまた、いまではあまりその必要もなかろうと思います。なぜなら、人間の自由を絶対依存と両立しないような仕方で考えねばならないと思う人[65]の立場は、わたしもすでにそれについて上で考えましたが、ヴュルテンベルクの神学者の立場に反映しているからです。この神学者は、神の外部に自由な存在があるべきだとする全能の意志のなかに、もちろんそれ自体としては説明不可能な神の自己限定が存在すると言うために、この論争においてそのような論点に立ったのでした[66]。もしわたしが、このことはわたしの見解を否認することから帰結すると言ったとしたら、詭弁的な弁証法やこじつけの一貫性に反対する周知の叫び声が上がったことでしょう。しかし論理的良心によって煩わされながらも、勇気を奮い起こしてまさに腹蔵なく語るこの飾り気のない人は、彼の意見を有益に受け入れることを、わたしに許してくださるでしょう。そして思いますに、この点に関して賽は投げられており、そして誰でも選ぶことができるのです。自己限定という行為を行う神を思い浮かべることができる人は、つぎにまた絶対依存を超える自由でもって心を慰めるのです。これに反して、わたしがこの面での自らの無能力を好んで告白しているように、神のそのような行為に馴染めない人は、「絶対依存に対立する絶対的自由[67]」——そのようなものをわたしはいかなる仕方でも認めることができません——という表象を犠牲にすべきなのです。

しかしこの点については、さらに別の誤解が存在します。そしてこれに関して、わたしは同様の事態にあります。われわれは自分たちの依存性を承認することにおいて、われわれの世界観をも規定するのである、というシュトイデル博士のお考えを、わたしはたしかに心から認めるものです[68]。そしてわたしは、自分の『信仰論』の大部分がこの世界観を叙述したものにほかならないと願っています。それどころか、もしキリスト教倫理学を仕上げることができるのであれば、おそらくこれは徹頭徹尾この承認のもとで捉えられた、意志の規定を叙述したものにほかならないはずです。しかしそこから、いかにすれば以下のような結論が導き出されるべきか、わたしには理解できません。すなわち、敬虔はその承認そのものであるので、敬虔は意志や認識よりも感情のうちにより直接的にその座を占めているのではなく、また敬虔な世界観や意志の規定は――シュトイデル博士自身の表現によれば――この承認からはじめて生じるのだ、という結論です。但し、念頭に置いている箇所そのものから[69]、あることがわたしにわかってきました。つまり、あたかも承認そのものが敬虔ではなく、「この承認において快と不快を甘受し、運命に従うこと」が敬虔であるというふうに、わたしが誤解されているかもしれないということです。しかしこのことは、わたしにとってすでに敬虔な意志の規定であり行為のやり方なのです。一体いかにしてそのような誤解が触発されたのか、わたしにはまったく自覚がありません。

あるいは、われわれが自由な存在として神の世界秩序を実現しなければならぬということ、[70]さらにこの実現は神との相互作用の関係でなければならぬということ、ならびに自らを単に絶対的に依存していると意識しているような人は――この「単に」という語は決してわたしが作り出したものではありません――、もはや自己ではあり得ないということ、[71]これらのことはそれと両立できないという理由で、絶対的に依存しているということすらも、いかがわしいと見なされるとすれば、わたしはこれに対してどう言えばよろしいでしょうか。そしてブレトシュナイダー博士が、善の観念がなければ絶対依存の感情は恐怖と戦慄でしかあり得ない、そしてキリスト教はそのように基礎づけられることができない、[72]とわたしに反論されたとき――わたしは「基礎づけられる」と語ったことは決してないので、その部分は何はともあれ「説明される」という意味でなければなりませんが――、そこではあらゆる種類の敬虔を包摂して捉える説明が、それゆえ、恐怖と戦慄としてのみ表現され得るあの最も低次なものをも含む説明が、問題となっていたということを、彼はおそらく忘れておられたに違いありません。

もちろん、「曖昧な」という表現は、何といっても表象に対して一般的に使うものなので、わたしはこの表現を感情について用いることを好みません。しかし例の最も低次の段階では、ある部分が未だ不明瞭である以上、そのかぎりで絶対依存の感情は、曖昧なものであらざるを得ません。とはいえ、すべての曖昧な感情が敬虔になるわけでは到底ありません。なぜなら、そうした曖昧な感情がみな絶対依存を言い表わすわけではないからです。しかしもちろん、ブレトシュナイダー氏のお考えでは、自然における多くのものも反作用を許容しないので、絶対依存ということは神に対してと同様、世界に対しても関係づけられなければなりません。(73)もちろんそうなると、多くの曖昧な感情もまた敬虔だということになりますが、しかしそれはわたしがいう意味とは違っています！

あるいはわたしの言葉から、〔恐怖のあまり〕凍りつくことや冷や汗をかくことが絶対依存を証明すると、誰が読み取ることができるのでしょうか。(74)しかしおそらく肝心な点は、感情はつねに現在的阻止しか言い表わさないので、それはまたつねに相対的な依存しか言い表わさないと、ブレトシュナイダー氏がお考えになることです。(75)このことはまた、精神的な感情がそれに関連して発展する、感覚的な感情にも当てはまりますが、精神的な感情そのものには当てはまりません。さらにもっと奇妙なのは、つぎのような誤解です。すなわち、わたしが高次の生の阻止として表示するものが、「人格的ないし個人的な感覚的生を構築しようと欲すること」(76)として説明されることです。これだとほとんど、あたかもわたしが時間的存在それ自体を頽落と宣言しているかのようです。しかしわたしは、神意識が排除される場合に限って、そこに頽

落を見出すのです。(77)

しかしながら、あたかもわたしの『信仰論』において提示された自己意識の分析は、まったく単純かつ誠実に経験的であろうとする以外のことを欲しているといった、非常に一般的な誤解に出くわす場合、さらに個々の誤解に言及すべきでしょうか！　なぜなら、原罪についてのわたしの理論は真に経験的であるという理由で、ブレトシュナイダー氏はわたしの理論を一貫性がないとして非難しておられるからです。(78)　わたしが罪の意識について、救済の必要性について、あるいはわれわれがキリストにおいて見出す満足について語っているところで、わたしが真に経験に即した事実（wirkliche erfahrungsmäßige Tatsachen）を考えており、たとえば経験に先立つ意識の事実（vor der Erfahrung hergehende Tatsachen des Bewußtseins）を考えているのではないということは、実際のところは十分に明白ではないでしょうか。(79)　それは本文に先立ってすでにモットーのなかで語られていないでしょうか。(80)　それは教義学全体に先立って、すでに『神学通論』のなかで語られていないでしょうか。まことに、わたしを違ったふうに理解し得る人がいるとは、これっぽっちも思いもしませんでした。むしろこれこそは、わたしが最も完璧に心配していなかった点だったのです。

神意識

それに、思弁的教義学者たちとかくも多様に一緒くたにされるとは、わたしはゆめゆめ思いませんでした。(81)わたしは教義学において哲学を営むつもりもさらさらありませんので、ディレッタントとしてですら、思弁的教義学者の仲間入りしたくはありません。しかしどんなにわたしにそのつもりがなくても、徹頭徹尾わたしが哲学を営んでいるとされるのです。そのような奇妙な考え方が、何としつこくわたしに押しつけられることでしょうか。わたしの「神意識」(Gottesbewußtsein)を「神についての意識」(Bewußtsein von Gott)と混同すべきではないと言われ、(82)その直後に、人間における神意識は神ご自身であるはずだ、と語られています。(83)わたしは何と哀れな奴でしょうか！　わたしは文法的厳密さを帰すために最大限の努力をしてきたと思いますが、結果はわたしが予想したこととまったく正反対になっています。

しかしながら、自己意識、世界意識、神意識が相互連関的に立ち現れるとすれば、一つの意識構成は他の意識構成と異なった仕方で正しく理解され得るでしょうか。人間のうちにおける世界意識は世界そのものでもあるのでしょうか。そしてまた、神意識は人間のうちにおける神の存在である、とわたしが言うとき、(84)遍在という表現にある概念を結びつけようとする人は誰でも、他のもののうちにおける神の存在を認めてはならないというのでしょうか。しかしこれはそれゆえに神ご自身なのでしょうか。われわれのうちなるキリストの存在――キリストご自身がこれについて語っておられますが――がキリストご自身であると、わたしが自分で言わないのと同じように、他のもののうちにおける神の存在は神ご自身ではありません。あなたはお笑いになりますか。まるでわたしもそう言ったはずだと言わんばかりに。もちろん、わたしもそう言ったはずだというのです！[85] わたしにとって唯一重要なのは、たしかに理想的なキリスト（der ideale Christus）にほかならず、この理想的なキリストが同時に神意識そのものであり、また人間とはいかにあるべきかの典型だというのです。[86]

贖罪者としてのキリストに関する逸脱

これに反して、わたしが歴史的キリスト（der historische Christus）をこっそり持ち込むとき、わたしは歴史的キリストについて――これまた奇妙な誤解と見落としに基づいて（しかしこれに対しては、ある年少の友人がすでにほぼ十全に反駁してくれました）[87]――、たとえばアリストテレスも実際にはどうであったのかを論ずる程度のことしか心得ていない、と言われます。[88] しかしわたしは、ブラニス博士がとくに歴史的キリストの問題を選び出されたとは全然考えておりません。なぜなら、たとえば本来の思弁が問題となるとき、わたしが主にそれを重んじていないことを、彼は知っておられるからです。むしろこの方に対して、ここでさらに一言二言語ることをお許しください。彼はわたしの『信仰論』を詳細に研究してくださった最初の方々の一人なので、わたしはこの方に恩義があるだけでなく、わたしは真にこの方を高く評価しています。そして彼がわたしに主張させることを、もしわたしが主張したのであれば、わたしは彼がわたしに反対して言うことを正しいと認めることでしょう。つまり彼は正当にもわたしに要求することができるのです。救済の歴史的形式はすでにキリストご自身とともに始まっており、それゆえにまた、救済はまず彼のうちに最小限のもの（minimum）として措定されているはずだということを。しかし彼がそのことをわたしに要求できるのは、それが以下のような前提と一致している場合に限られます。それはすなわち、わたしがかつてキリスト教の根本的前提として受け入れたものであって、救済はその力に従えば、完全にまた排他的にキリストのうちに措定されており、しかも彼のうちには救済の必要性のいかなる痕跡も見出せない、という前提です。(89) しかしわたしは、この前提をまた非常に強く堅持していますので、何か反証となるものを含んでいると思われる個々のいかなる聖句によっても、惑わされることはありません。(90) 発展と闘争の相違はきわめてよく堅持され得るものです。しかし神の意志への服従を勝ち取るために、自分自身と闘うこと、このことを罪と見なすことは、わたしが免れることができない、ひとつの厳格な立場です。それゆえ、わたしは根本的前提を破壊することなしには、そのような闘いをキリストに帰すことはできません。

それにもかかわらず、キリストの出現以後ですら、彼のそれへと向けられた活動以前には、事実としての救済は実際のところ未だゼロであり、そしてキリストが地上にいる限り、歴史的現象としての救済はまた、非常に取るに足らないものでした。わたしはこの点を認めるのに吝かではありませんが、しかし何らかの仕方でわたしに重荷を負わせ得るようなものは、そこからはまた何ひとつ生じません。なぜなら、キリストにおける救済の力も最小のものであらざるを得なかったということは、わたしの叙述と整合しないからです。というのは、彼に内在している神的な力によってのみ、キリストはこのような特別な歴史的人格となるからです。このことを受け入れることができない人は、わたしの『信仰論』の体系――それはこの関係では決して独自的なものを提起してはいません――を自らの見解として受け入れることができないだけでなく、教会的体系をもまた受け入れることができません。わたしの知る限り、ブラニス氏は全き自由をもって教会的体系を信ずると表明しておられます。しかし彼はその場合、万人による万人に共通の救済になるような見方に頼らざるを得ませんが、そこにおいてキリストは、卓越した点を形づくるにすぎないのです。しかしいかにして似たようなことをわたしの教説に対して言いふらすことができたのか[91]、わたしにはさらに理解できません。

けれども、道を逸れてしまいましたので、本題に戻ります。一般論としてのわたしのキリスト論に関しては、友人のニッチュがわたしのために証言してくれたことに、すべての人の注意を向けることで、わたしには十分です[92]。しかし神ご自身であるとされるあの神意識、それについてわたしは語ったことがまったくありません。不易なる神と時間に服する神というあの二重の神、それについてわたしは語ったことがまったくありません。そしてわたしが神の理念のなかで区別しているとされるあの三つの契機、それについてわたしは語ったことがまったくありません。たとえ相互にあまり和合していないとしても、これらすべてのことと、その種の他の多くの事柄は、わたしのものだと前提された汎神論（mein vorausgesetzter Pantheismus）と関連しています。

汎神論であるとの告発

そしてこれらの点について自分の態度を表明することを、もちろんこれまで何度も要求されてきましたので、わたしはこういう声を聞き流すことができません。わたしはまた、キリスト教はどうしたってある意味で汎神論的なものに傾くという、友人のニッチュの言葉の背後に単に隠れて、自分の身を守ろうとは思いません。[93] なぜなら、今日無知がかくも取るに足らぬものを弄んでいるので、汎神論という語に気をつけるべきだという、ある別の神学者の警告には、おそらく何某かの真実があるかもしれないからです。わたしは無知だからそうするのだと主張しようとは思いません。なぜなら、そのように叱責されることは、気持ちの良いことではないことを知っているからです。しかし〔汎神論という〕この用語は十分に弄ばれています。しかし〔わたしが汎神論者であるという〕その仮定が本来どこから来るのかを、どこでも経験的に知ることができないとすれば、わたしはどうすればよいのでしょうか。故チルナー氏はそれを周知の事柄であると仮定しています。というのは、彼が美的原理について語るところで[94]――もちろんこれもまた、わたしがまったく自分のもとすることができない組み合わせです――、とくにわたしのことが意図されていますが、これはスピノザの汎神論を更新したシェリングの哲学からとくによく説明できると、彼が述べているからです。

同様に、わたしの真の意図は、キリスト教を汎神論に従って、つまりキリスト教とはまったく相容れない哲学に従って、解釈し直し形づくることであると、別のところではまた言われています。[95] キリスト教の教理はあらゆる哲学的体系から完全に独立して叙述されなければならないと、[96] 非常に声高に繰り返し述べてきた人に対して、このような非難がなされるのであれば、かかる主張にはきわめて厳格な証明が伴っていなければならないでしょう。そしてまた何人といえども、かかる証明を引き合いに出すことなしに、ただ陰口をきくべきではないでしょう。しかし信奉していると一度も表明したことがないことが、誰かによって証明されることもなしに、表明したものと仮定されるとすれば、わたしとしてはどうすべきでしょうか。

同様に、ブレトシュナイダー博士は、マールハイネケ博士[97]やハーゼ氏[98]と一緒になって、シェリング哲学への依存をわたしに帰し、そしてわれわれ〔シェリング氏とわたし〕が世界の発展を神の生成中の人格性（eine werdende Persönlichkeit）と見なし、さらに個々人と絶対者との対立を罪と見なしているという点に、われわれがこの依存性を実証していると考えるのです[99]。けれどもわたし自身としては、この二つのどちらか一つがわたしの著作のなかに見出される箇所が指し示されるまでは、抗議することしかできません。こうした表現はもちろんわたしのものではありません。そうではなく、ブレトシュナイダー博士の念頭にはまったく別の表現が思い浮かんでいたに違いありませんが、彼はそれらをわたしにはまったく馴染のないこうした述語に翻訳したのです。しかしその場合、翻訳の正しさを示すことがまず重要なことでしょう。そうした翻訳にきっかけを与えることができたようなものは、罪に関するわたしの表出のうちにも、世界に関するそれのうちにも、何もわたしには知られておりません。

あるヴュルテンベルクの神学者〔クライバー〕は、無限的なるものつまり神ご自身が、事物の真の本質であり、すべての存在と生命の内在的根拠を形づくる、という命題をわたしに帰しています。(100) さらに神的・無限的生命はさまざまな牽引力と膨張力との相互作用から成り立っている、という命題もわたしに帰しています。(101) これら二つの命題は、たとえば無限的・神的なものそのものと神的・無限的な生命とが、二つのまったく異なる事柄でなければ、決して相互にしっくりいかないようにわたしには思われます。しかしわたしはこの二つのどちらか一つを選ぶ立場にはまったくありません。なぜなら、そのいずれもわたしに属してはいないからです。しかし、たとえば『宗教論』のなかに、これら二つのうちの一つにきっかけを与え得たようなものを見回そうとした時、わたしはその代わりに直ちに、神においては何物も対立せず、分割されず、ばらばらにされ得ないと、まったく明確に語られている箇所と、(102) それに反して、神はその業を無限的なものに至るまで分割されると述べている別の箇所とに出くわしました。(103) さて、もしわたしが明確かつ明瞭に述べたことに、どこからか出所がわからないことが付け加えられ、しかも前者が問われもしないとすれば、そのような報告者にどれくらい信を置こうとするかは、各人に任せる以外には、わたしに何ができるのでしょうか。

別の人〔デルブリュック〕は、『信仰論』の序論のなかに、汎神論的敬虔も存在し得ると、付随的に述べられている記事を読んで[104]――この記事は、わたしがスピノザについて語ったことに責任があると思いますが[105]、しかしわたし自身はそれについては、いかなる宗教の形式も汎神論的ではないのであるから、敬虔は決して汎神論には属さない、と述べています――、「わかった」（εὕρηκα）[106]と手をたたき、そしてわれわれはそれ以上の証拠をどうして必要とするだろうか！　と叫ぶのです。わたしにはわかりませんが、同じ条件で現在の自分のほかに何にでもなったに違いないような人を、いささか数奇な運命に委ねる以外に、わたしに何ができるのでしょうか。なぜなら、証明を要請するということ、これに関しては、わたしはさらに多くの書物を書くという罪を犯すつもりはありませんので、わたしには一回限りで十分だからです。それを書いたところで目標には到達しないでしょうし、またたしかに必ずしもデルブリュックの書物ほど美しく芸術的には書けないでしょう。デルブリュックは、全体としてはスピノザ主義をとても見事に叙述していますが、スピノザ主義だというならそれをわたしに証明してくれ、というわたしの要請に従って、それは論外であるということをなるほど誠実に認めています[107]。しかしその代わりに、彼は同じような不明確な仕方で、汎神論と全一論〔一元論〕（All-Eins-Lehre）を行ったり来たりをしながら、姿を現してくるというふうに、お考えにならなかったでしょうか。これに関しては、例の付録のなかに読み取れるように、わたしは自分の考えを表明

しています。(108)

そして神についてのわたしの説明(109)ですが、これに関してわたしは右顧左眄して何らかの哲学者に助けを求めることをせず、まったく単純にすべての敬虔なキリスト者に共通な感情を問題にし、そして一方の側を満足させようとして、他方の側を損ねることがないような仕方で、これを叙述しようと努めたにすぎません。しかしデルブリュックがこれを、スピノザとフィヒテを不思議なやり方で接合して、まったく異なる化学的な方法で再生しているのを見て、何と驚いたことでしょうか。その際、各々の唯一の構成要素は消え失せ、そして一方の構成要素の残余物は、もちろん全然説明のないままに親和的であるとの理由で、他方の構成要素の残余物と結合されています。(110)

ところで、少なくともわたしには、自我論者（Ichheitler）と呼ばれるのと同じほど全一論者（All-Einheitler）と呼ばれる権利があるということ、(111)このことだけがわたしの慰めです。しかしデルブリュックの説明は、また本当にわたしの説明と同じでしょうか。知恵と愛はこのようなやり方で発現してくるのでしょうか。(112)それとも、われらがデルブリュックはわたしの『信仰論』のなかに踏み込みすぎていないでしょうか。それとも、わたしが始めと終わりという二つの部分は相互に関連している、と述べたにもかかわらず、デルブリュックはたとえば、終わり

〔結論〕はわたしに相応しくなく、わたしがそれを始め〔序論〕ほど真剣にうけとめていない、と考えているのでしょうか。

彼がわたしの名前で詩作した詩節は、とくに愛すべき奉仕です(113)。わたしの『信仰論』にはたとえば神の恩寵への讃美が欠けているのでしょうか。あるいはわたしは選択に基づいた、すなわち動揺と不確実とに基づいた、自由と類似しているあらゆるものに反対するのと同じように、神におけるあらゆる必然に反対の意を表明していないでしょうか(114)。しかしこうした問いに対しては答えることができません。なぜなら、わたしは彼の名前で詩節を詩作できるような詩人ではないからです。しかし好意的な真摯な書簡において(115)、わたしは自分の知る限り一切の冗談をまじえずに、彼の神についての表象のうちわたしにとって不適切で首尾一貫しないと思われるところを、彼と議論したところ、彼は印刷物でそれに答え、わたしをまたしてもスピノザ主義的才人（ein spinozistischer Witzling）と呼びました(116)。少なくともこれは善良な単純な人間の流儀のなかには見出すことのできないものです。そしてデルブリュックが、「永遠から創造されなかった」ことと「全然創造されなかった」ことを同一視するとき(117)、このことは彼が問題の案件にあまり精通していないことを暴露しており、したがって議論をさらに続けることは得策ではありません。しかしわたしはどこへ来てしまったのでしょうか。わたしは本来あなたのかつての同僚について全然語りたくありません。なぜなら、彼の七つの章の各々には、ここで言及したのと同じような攻撃が沢山ありますが、同じ作業を頻繁に繰り返すには値しませんし、また楽しいことでもありません。

わたしとしてはここで、さらに「危険注意」を記した標示板を提示するにとどめたいと思います。デルブリュックがキリスト教に対して、あるいは本来的に唯一神教に対して、世界は神の御業であるだけでなく、神の偶然の御業であるということを要求するのであれば(118)——彼のお気に入りの信仰規則はもちろんこうした考えに完全に席を空けるように思われます——、神のうちにいかなる偶然的なものも考えることができない人たちは、それゆえ汎神論者と呼ばれなければならなくなります。その場合、ものを考えるキリスト者の大部分は、ただちにわたしとともに汎神論的だということになります。しかしこうした人々が、われわれは神のうちに偶然的なものを自明のこととして仮定する人を、無神論者と見なすことしかできないと、デルブリュック氏に言うとすれば、どうなるでしょうか。彼らがそう言うのは、もちろん、神の名のなかに呪物的《フェティシュ》なものをも包含する説明(119)に関してではなく、最も完全な存在のみを包含する説明に関してです。そうだとすれば、少なくともわたしがあまり使いたくないような言葉には、詰まるところ、われわれはむしろあまり関わらない方が得策でしょう。なぜなら、そういう言葉は、投げつけられる方にだけではなく、投げつける方にもつねに汚点を残すからです。

しかしわたしは『宗教論』ゆえに、汎神論だとしてこのように厳しく非難される身になっていますが、これはもっぱらわたしが敬虔を蔑視する者たちに、敬虔はいたるところに存在するのであり、最も少なく探求されるところにおいてすら存在するということを、好んで示そうとしたからであり、そして何よりも当時その思弁が、一部の者たちによって最高度に倒錯した仕方で偶像視され始め、他方で他の人々が彼を非常に厳しく非難していた、その当の本人に関して示すのが好ましかったからです。これに対して、この人物の真に人間的な、内面から柔和な、最高に魅力的な人格や、最高存在へと方向づけられたその人物の心情の性向は、誰一人としてこれを顧慮していませんでした。もしわたしが読者からあらゆる邪悪なことを期待する用心深い人間であったとすれば、自分がスピノザ主義者と見なされるきっかけとなるものは、わたしの言葉のなかにはほとんど存在しないと、読者に言うためのささやかなスペースを見つけたことでしょう。しかし今のわたしがそうであるように、そんなことは思いもよらないことでした。

それ以来、すでに何度も罰せられたのはわたしではなく、というのは、そういう仕打ちはわたしにとって特段のことではないからですが、むしろ読者の方でした。読者はつねに何の役にも立たない噂ごとで被害を受ける側だからです。もしわたしの本が本当に「全一論への心をそそる傾向になおも持続的な活力を伝達することに、少なからぬ貢献をした」[120]というならば、これはわたしの意志に完全に反して起こったことになるのですから、もちろんこれは厳罰ものでありましょう。しかしわたしはそうだとは思いません。わたしが知るかぎり、それは嘲笑の流れを堰き止め、そしてたとえ数人の魂にすぎないとはいえ、致命的な無関心主義から引き離し、そして神の意志によって、彼らの目を真実かつ真正な敬虔へと開かせることに、少なくとも何某かの貢献をしました。わたしはこの結果に満足していますし、それを神の祝福と見なしています。したがって、その書を執筆したことを遺憾に思ったことは、一瞬たりともありません。実際、この本はこの目的のためには、大部分は現在のようなかたちでなければならなかったということが、わたしにはよくわかります。そこで支配的であった高貴な口調すらも、軽はずみな否定性のもつ間違った高貴性に首尾よく対抗したのですから、排除されるべきでないのです。

しかし『信仰論』[121]を通して、わたしはもっぱら先に言及した公理ゆえに、汎神論の嫌疑をかけられています。それゆえ、これについてさらに一言二言述べることをお許し下さい。親愛なる友よ、ご存知のように、わたしは最初からつぎのような課題を自らに課しました。それはわれわれがみな自分たちのうちに担っているような、そのようなキリスト教会において発展させられた神意識を、つぎのような仕方で、そのあらゆる表出において叙述するという課題です。すなわち、あらゆる個々の瞬間に神意識が可能なかぎり純粋に現れ、またそのような仕方で成立する個々の規定が、まさに一なるものを目指すものとして概観される、というような仕方です。神意識が一なるものを目指すのは、われわれの意志の自由の意識と結びついていようが、あるいは自然的連関についてのわれわれの意識と結びついていようが、あるいは歴史的発展の意識と結びついていようが、感情自体はつねに同一だからです。わたしの教義学的な神論は、純粋に課題のこのような把握から説明されるべきです。その際に何らかの哲学について考える人は、必然的に混乱せざるを得ません。そしてこのような混乱を、わたしは幾分なりと詳細に論評するほとんどすべての批評家のうちに感じとります。

神学と哲学の関係

実際、わたしはつぎのような捉え方に対して、抗議しなければなりません。すなわち、われわれの友人であるニッチュ——彼はちなみに、わたしの『信仰論』に従事しているすべての人のなかで、わたしを最も賞讃していると同時に、批判している人です——が表現したように、わたしが普遍的な宗教的知識のなかに特殊キリスト教的なものを受け入れようと努めている、といった捉え方です。[122]そのような捉え方は、わたしの見方によれば、キリスト教的なものからの抽象以外の何物でもありません。しかし、たとえばその表現のもとで、神についての思弁的知識が意味されているとしても、わたしにあっては思弁的知識とキリスト教は、つねに相互に分離され続けています。なぜなら、この二つのものは――わたしはそう確信していますが――、一致しなければならない場合でも、一体をなしてはおらず、また相互に規定されもしないからです。わたしはどこでもその原則から寸分も逸脱していないことを、非常にはっきりと意識しています。むしろわたしの諸命題のみならず、従来の定式に対するわたしの批判もまた、この原則からのみ生じています。

というのは、従来の定式は一度もわたしを満足させたことがないからです。そしてもしひとが、過去百年間一般的であった神的特性の教説についての取り扱いを、教会的教説と名づけようとするならば――わたしはこれに対して、わたし自身の語法によれば、異議を申し立てることができませんが――、わたしは自分の思想発展の過程において、教会的教説に接近はせず、むしろそれからますます明確に遠ざかっていることを知っています。教会的教説と言われている諸命題は、ライプニッツ＝ヴォルフ的な合理的神学と醇化された旧約聖書の言葉との混合物であって、そのなかにあって両者から真のキリスト教的要素は失われています。道徳的特性と形而上学的特性とが結び合わされたとき、それらの諸命題が持ちこたえられないということが、フランス的な無神論がわれわれの間に入り込んできたことに対して、最も大きな責任を負っています。なぜなら、われわれが神について一切知ろうとしなかったところでは、ものを言うのはつねに理念そのものよりも支配的な叙述だったからです。このことは幼年時代以来、わたしに深く刻み付けられてきた経験です。ところでわたしは、わたしがいう敬虔を養うためにも、あるいはそれを理解するためにも、何らかの合理的神学を引き合いに出したことは一度もありませんし、同様に旧約聖書の感覚的な神政政治的神学も引き合いに出したことはありません。それゆえ、わたし自身の理解はつねに、それが何らかその名前に値するとすれば、そうした方法に対する論争のなかで形成されてきました。

たとえわたしがアカデミックな教授職に就いていなかったとしても、そしてわたしは以前にはそれを望みもしませんでしたので、これは期待することもできなかったことですが、それでもわたしは自分の教義学のこの部分を自分のために保持し、説教壇上で教示するための基準として用いたことでしょう。というのも、それの痕跡はわたしの最初期の説教のなかにも見出すことができるからです(123)。けれどもそれは、最終的に、今一度立ち現れなければならなかったのです。しかしわたし自身の信仰告白に従えば、わたしの神論の最初の区分は、なるほど教会のなかにあるかもしれないが、わたし自身の理論に従えば教義学のなかに然るべき場所が与えられないような、そのような個人的なものに本来属していないかと、わたしにお尋ねになるとすれば、わたしはその問いに「否」と答えます。[124] もし例の取扱いが本当に教会的教説だとすれば、まあよろしいでしょう、わたしの教説は非正統的《ヘテロドクス》だということになります。しかしわたしは固く確信しています、それはたとえまさにわたしの書物を通してでないとしても、またわたしの死後久しく経ってからのことであるとしても、いずれ遠からず正統的になるであろう、そのような予見的な非正統主義（divinatorische Heterodoxie）であると。[125]

いまや一方では、あたかも哲学がキリスト教を占領し、力ずくでそれを自分に引きつけているかのように見えようとも、にもかかわらず、われわれの教会の健全な生活は、あらゆる人間的な思弁をますますその特有の領域に押し戻すでしょう。われわれの善意の聖職者たちのいかに多くが旧約聖書の言語に立ち返り、また旧約聖書に基づいて説教することに立ち返ろうと、古い契約はキリストにおいて過去のものとなり、すべては新しくなったことが、この領域においてもますます実証されています。[126] そしてわたしが同胞として挨拶し、大いなる尊敬の念を抱いている多くの神学者たちが、古い方法をいかにぴかぴかにし、それに磨きをかけるよう努めようとも、一体をなしているべきであるとしても、ともに生きようとしない定式は、所詮は死せる定式にすぎないということと、そしてその色彩を大部分キリスト以前の時代から得ており、そして描写に関しては、何らかの哲学の学派のもとで学んだような神論は、キリスト教意識の正しい叙述に対して妥当性を要求できないということが、ますます示されるでしょう。

それゆえ、わたしはこれからも自分の方法を用います。そしてこの部分に関するかぎり、わたしはそれをまたキリスト教の信仰論にも安んじて適用します。わたしはこれに対する抗議が有意義な成功をおさめるとは思いません。しかしもちろん、この領域で生じたいろいろな誤解が、『信仰論』の第二版に対するいろいろな願望を掻き立てました。わたしはしっかりと時間をかけて取り組んできましたが、あらゆることを熟慮してみて、自分自身でも自分の願いを聞き届けることができません。けれども、今日のところは十分に耳を傾けてくださいました。言い足りないところは次回のために取っておきましょう。

第二の書簡

書簡の目的

それでは、第二版に対するわたしの願望についてお話しようと思います。あなたがわたしの幾分ぞんざいな表現を正確に解釈してくだされればよいのですが。そしてわたしが以前行った考察や、一度は立てたものの、後になって大きな不利益をもたらさないとも限らないと思って取り下げた構想について、友人向けの非公式な説明以上のものを期待しておられなければよいのですが。わたしは自分を読者の立場に置いてみたので、「願望」と名づけました。そしてこのことは、わたしが最近ほのめかしたのと同じように、とくに読者にあまり権利を認めない権利をもとうとする人にとっては、おそらく義務であります(1)。

『信仰論』の再構成に関する問い

さて、第一の願望は非常に古いものです。最初にこの著作を仕上げようとしたとき、わたしはすでに、個々の部分にそれらがいま占めている位置を与えるべきか、それともそれらを逆にして、いまの第二部から始めて、第一部で締めくくるべきかどうか、長い間揺れ動いていました(2)。すぐにご覧になれることを希望しますが、わたしはいまのところ元の位置のままにしています。徹底的に改革派の出身で、〔ルター派と改革派の〕合同の現状においてすらこの出自を絶対否認してはならないと信じている神学者であるわたしが、ここでハイデルベルク教理問答(3)により緊密に与したとしても、それはまったく当然のことであり、また相応しいことでもあるのではないでしょうか。(4)

もちろん教理問答（Katechismus）と教義学は、二つのまったく異なった事柄です。しかしそうであればこそむしろ、わたしがまさに教理問答そのものに関して非難するものを、教義学に対して活用することは、それ自体害にならないと思うのです。なぜなら、教理問答はまずもって若者のために定められたものです。若者は自分自身の経験からしても、一般的な人間的認識からしても、救済の必要性をあまり感じることができません。しかし成人し明瞭性に到達した各々のキリスト者の根本的感情は、救いは〔イエス・キリスト以外の〕他の人においては与えられておらず、また他の名前も人間には与えられていないという、この古い感情であらざるを得ないのです。(5)もちろんその場合、表象の仕方については依然として大きな多様性が生じ得ます。そしてここから出発し、ここから他のすべてのことを考察することが、わたしにとって最も自然で、最も秩序に即したことではなかったでしょうか。何となれば、キリスト者は彼らのすべての神意識を、キリストによってもたらされたものとしてのみ、自らのうちに担っているということを、わたしは非常に明確に言い表わしてきたからです。(6)それによって本来の神論がそっけなく扱われることは、決してなかったでしょう。しかし父〔なる神〕はまずキリストにおいて直観されたことでしょう。神についての最初の明確な言表は、神はキリストを派遣することによって人類を更新し、自らの精神的な御国をキリストにおいて創立された、ということだったでしょう。それゆえ、神の第一の特質は知恵と愛だったことでしょう。かくして教説全体は、順序が逆になるだけで、いまと同じように区分されていたでしょう。なぜなら、罪の意識はキリスト者の敬虔な自己意識に、依然として一要素としてともに属していますので、同じようにこの同一の敬虔な自己意識から、同様の仕方で、神の聖性と正義の表象とが、それに属する神意識として発展してきたことでしょう。しかし目下第一部であるところのもの、すなわち、いわゆる神の形而上学的ないし自然的属性を主に論ずる部分は、最後の部分になっていたことでしょう。

現在の構成が引き起こしたいろいろな誤解

親愛なる友よ、これこそわたしがそのような構成にすべきか、それとも現在の構成にすべきか、長い間決断できずにいた問題です。そしてわたしがいまこの問題に立ち返るのには、十分正当な理由があります。なぜなら、現在の構成がいかにして誤解されたのかを、わたしは十分明確に理解しているからです。わたしの批判者たちは大部分、現行の構成のような著作はアンティ―クリマクス〔漸降法〕[7]の道を歩まざるを得ない、という前提から出発していました。あるいは、たとえばわたしは序論でもって暫定的な方向づけ以外のことを意図していなかったのですが、つまり厳密に捉えれば、序論はわれわれの学科〔教義学〕そのものの完全に外に位置していたのですが、それが本来の中心的事項として、全体の正真正銘の核心として、見なされたのではないでしょうか。そしてそのつぎに続くのは、明らかに第一部であると！

序論に含まれている諸命題の性格から推論されたことは、わたしの教義学が実際には哲学であり[8]、そしてわたしの教義学がキリスト教の教義学だとすれば、それはキリスト教を証明ないし演繹しようと欲しているということです[9]。そして彼らは第一部からなかんずく汎神論を構築しました[10]。なぜなら、われわれのニッチュがこの表象様式へのキリスト教の一定の傾斜として表示するものも、この序論のなかにその座を見出すからです[11]。彼らに従えば、そのつぎには罪に関するセクションのなかにも、わたしの思考様式を示すものが実際に含まれています。爾余のすべてはいわば外塁（ein Außenwerk）ないし付録（ein Anhang）にすぎず、それはどうしても避けて通れない教会的教説を、例の哲学にできるかぎり同化させるためのものだというのです。本件はほとんどいたるところでこのように見られました。そしてこのように完全に誤解されることを好む人はいませんので、わたしがかかる立場を貫徹したことをほとんど遺憾に思っていたとしても、それを悪くとらないでいていただきたいのです。

もちろん、本当に自分を咎めることはできません。なぜなら、ひとがそのような前提から出発するだろうとは、いかにして夢想することができたでしょうか。それというのも、学問的な著作は、あとで少し劣った年式のワインを持ち出すために、まず最高級のワインでもてなしてある程度の酔いを当てにする、饗宴のようなものではないからです[12]。それどころか、わたしはそのような見方が生じないように、自分なりに誠実な努力をしたと思っています。実際、つぎのことを十分明確に述べました。なるほど、第一部は本体そのものに属してはいるが、しかしそれは入口ないし玄関の間としてのみ（nur als Eintritt und Vorsaal）属している。そこに含まれている諸命題は、そこで与えられ得るかぎりにおいて、本来的に記入されていない枠のようなものにすぎず、あとでようやく申し述べられることとの関係を通じでのみ、その真の内容を獲得することができるのであると[13]。

このような状況にあるとすれば、わたしはこのひとかたまりの諸命題を、その完全な意義において立ち現れることができる場所に辿り着くまで、当然延期しておくべきだったのではないでしょうか。しかしながらたしかなことは、全能（何がその目標であり、何によって作動されるのか、わたしにはわかりません)、全知(どのようにしてそれが知の対象を設定し評価するのか、わたしにはわかりません)、遍在(それが何を放射し、何を自らに引き寄せるのか、わたしにはわかりません)は、不明確で生命力のない表象にすぎませんが、しかし新しい精神的創造の意識において全能が、神的精神の働きにおいて遍在が、そして神的恩寵と喜びにおいて全知が現れるとき、事態はまったく異なるということです。

もちろんわたしは、本書のいまのかたちにおいてすら、一時的であれそのようなみすぼらしい表象を述べて、読者を体よく追い払うことを欲しませんでした。そうではなく、わたしは以下のことを前提し、またそう言わなかったわけでもありません。すなわち、誰しも直接的自己意識のうちに、欠けているものを何らかの仕方で持ち合せており、それゆえそれをあとではじめて教義の形態で得るとしても、切り詰められたと思う人はいないだろうと。(14) しかし、すでに述べたように、教義学からはじめて受け取ったのではないような、持ち合せるべきものを何も持たなかった非常に多くの人々が、本書に関与しましたし、また関与する羽目になったのですから、もしそのような示唆が悉く失われていたのであれば、わたしはむしろ直ちに完全なキリスト教的意識を叙述することで、著作を始めるべきだったのではないでしょうか。

今日非常に多くの尊敬に値し、またとても注意を払われてもいる声が、わたしの説く神をキリスト教信仰の神と考えてはならないと警告するとき、(15)わたしはつぎのように考えざるを得ません。すなわち、ある人々の場合には、彼らがいわば奇妙で馴染のない飲み物である序論と第一部によって失神させられてしまい、そうでなければよく知られ馴染のあるものを、第二部においてもはや正しく味わえなかったのです。また別の人々の場合には、第二部があまりにも教会信仰的な振舞いをしているように思われ、彼らはそれを厳密に受け取る決心がつかなかったのでしょう。おそらく自分たち自身よりももっと教会的なものから遠ざかっていると、仄聞してそう思っていた人物が、ある自然の恵みによって聖職者の衣を羽織る術を心得ていることが、彼らを不快にさせたからなおさらのことです。というのは、彼らは最初の部分〔序論と第一部〕をいかに素早く読み飛ばしていたとしても、〔第二部の終盤部分に収録されている〕預言の教理(16)を読んで、あとでふたたび両方を厳密に受けとったからです。わたしはこのことをわれわれのなかにある死を恐れる子供の自然的好奇心のお蔭だと思います。(17)

再編成の利点

本書のこのような取り扱いは、逆の位置づけをしておれば、不可能だったことでしょう。その場合には、キリスト教に特有な意識の叙述が、正真正銘かつ実際に本書の本来の目的であることを、誰も誤解しようがなかったことでしょう。実際、わたし自身はそう信じていますが、もし序論がまったく現状のままであったとしたら、そしてこのことだけでもって多くの人々に、ここでは哲学的な構成が目ざされているとの嫌疑が忍び込むことができたとしても、この嫌疑は本書自体の本来の始まりの際に、ふたたび消え失せたことでしょう。なぜなら、序論はそのような始まりから異質なものとして、はるかに厳しく分離されたことでしょうから。さらに、現在の形態においては、詰まるところ、単なる外塁としてのみ引証されるのにおそらく役立つ、いまの第一部に含まれている諸命題も、もし実際にキリスト論と教会論の後ろに置かれ、また神の愛と知恵についての展開のあとにようやく現れるとすれば、より暖かい色調となり、同時にキリスト教特有の光のなかに姿を現したでしょう。そしてこのことはより明明白白かつ確実な利点であったことでしょう。さて、もしこのように危険な序論が、より厳しくかつ明確に著作そのものから完全に分離され得たとすれば、その場合には、わたしの『信仰論』が思弁的傾向を有し、また思弁的基礎に基づいているという、著しくひどい誤解は[18]、きっとできるかぎり避けることができたでしょう。

あなたに告白いたしますが、わたしは長い間この〔代替的な〕配列に特別な愛着を抱いてきただけでなく、この愛着の念はわたしから一度も過ぎ去りませんでした。そしてわたしは本書の現在の形態によって、自らの傾向に大きな犠牲をもたらしました。この配列を採用しておれば、一方では個々の教理を扱う際に、自己意識のキリスト教的中心に遡ることがはるかに必要となったことでしょう。したがってまた、各々の箇所で本書の特有の性格がはるかに鮮明に発現したことでしょう。他方では、わたしの受講生たちは、彼らにわたしの講義を反復するだけでなく、彼らのためにそれを補完したであろうものを、受け取ったことでしょう。

親愛なる友よ、われわれの前の長椅子に座っている者たちのうちのいかに少数が、そののち本来の学問的隊列にとどまっているか、また彼らが教義として把握したものが、遺憾ながら大部分は、説教壇上でいかに冷淡かつ無味乾燥な仕方で活用されているかを熟慮するとき、われわれは大学の教育研究制度と学生の将来の人生行路とが、相互にしっくりいっていないことに気づかざるを得ません。それゆえ、われわれが一般的に教義学に時間をかけすぎると考える人々に、わたしはあまり賛成できません。またご存知のように、それがいかなる体系に与していようと、わたしはいわゆる実践的教義学を重視しておりません[19]。同様に、われわれの教義学の講義そのものにまったく別の方向性を与え、信仰論の議論とそれの禁欲的使用とを結びつけ、あるいは信仰論を敬虔者の集い（collegium pietatis）[20]〔の手立て〕にすることを、助言したいとは思いません。

むしろ神学者の卵たちが学問研究に励むこの期間には、純学問的内容は軽んじられてはなりません。なぜなら、われわれはとりわけこの若い芽をいたるところで誘い、育成する使命を帯びているからです。それゆえ、わたしは自分の教義学の講義を、以前から行ってきたのと大きく異なるやり方で手筈を整える術を知りません。しかしわたしは拙著について、それが全体の構成によってだけでなく、個々のトピックの扱いにおいても、現在実際にそうであるよりも高い度合いにおいて、この課題を成し遂げることを願っていました。つまり、体系的連関に専ら沈潜することから身を守り、そして教義学的命題は派生的なものにすぎず、内的心情状態こそが本源的なものであるという意識を、繰り返し呼び起こすことを願っていました。ヨハネによる福音書第一章一四節の言葉[21]が、すべての教義学の根本テクスト（der Grundtext der ganzen Dogmatik）であり、ならびに聖職者が遂行する職務全体にとっても同様であるべきだということ、このことが読者にできるだけあらゆる点で明確にならなければならないような仕方で、わたしは拙著をしつらえたいと願っていました。

現状がどうであるかと言えば、このためにはいろいろな結びつきが必要ですが、それはいかに単純であるとはいえ、遺憾ながら管見では、すべての人によって理解されていると期待することはできません。もし学問的精神と宗教的興奮が、神学的生産においてつねに同一の歩調をとらなければならないとすれば、わたしがそれを行為ないし行動と見なすことができるかぎりにおいて、拙著には学問的精神と宗教的興奮が等しく関与していると、自ら証言できると思います。しかしもし著作として同様のことを誇ることができなければならないとすれば、その影響も等しく両方の側に及んでいなければならないでしょう。現状ではそうなっていると考えることができませんが、しかしあの〔代替的な〕配列にしておればこの目標にもっと有意義により近づけたものと、確信しています。

再編成をしないとの決断

それにもかかわらず、こうした方法でそのような改訂をしようと努めることを、わたしは放棄せざるを得ませんでした。二つの理由が、自分には克服し難い力でもって、そうすることをわたしに思い止まらせました。一つは単なる気まぐれにすぎず、もう一つはたしかに自らの無能力にすぎません。わたしはつぎのように考えて自分を慰め、その分だけ気を楽にしています。すなわち、遅かれ早かれ別の誰かがやって来て、はるかに優れた立場に立って、幸運に導かれ喜びをもって、この課題を成し遂げるであろうと。

気まぐれというのは、わが友よ、アンティ―クリマクスという例の形式に対する非常に強烈な嫌悪感のことです。汎神論的な教義学――つまりこの言葉を、わたしや他の人々に対する非難として用いられる、そのような意味で受け取るのであれば――においては、それ以外の仕方はあり得ないのと同じように、神の愛と知恵がわたしにとってあまり価値がないものであれば、わたしがそれらに現在の位置を与えることは、不可能だったことでしょう。何となれば、わたしは最良のものを最初にすぐ手放さないよう、おそらく気をつけたでしょうから。しかし汎神論的でないからといって、もしわたしが別の位置づけを選んでいたとすれば、わたしは神の自然的な属性で締めくくらなければならなかったことでしょう。そして神の属性も別の仕方で提示され得たということは、真実であるにもかかわらず、このこともまた、わたしが叙述を非常に圧縮しても構わない場合にかぎって、ある程度非難の緩和につながったことでしょう。

救済論と神の国論を完全に叙述したあととなると、目下第一部に含まれているすべての教理を非常に手短に論ずる以外には、ほとんど可能なやり方はなくなるでしょう。そしてこのことが決して見過ごせない不利益であることは、争えないところでしょう。このことは、拙著そのものにとってでも、また自説の反映としてのわたし個人との関係においてでもなく、おそらくわれわれの教会の現在の需要に関して不利益なのです。もしこの部分から有意義なものを取り除いてしまえば、わたしは自分の使命を十分に果したことにならないと思います。あなたはここで難渋であっても、おそらくそれゆえにこそ意を尽くした、胸のつかえがとれるような説明を期待しておられるに違いありませんが、わたしとしてもあなたにそうした説明をせずにはおれません。

自然科学によって唱えられる異議

自然科学は、ほんの少し前の時代の人々がまったく予感していなかったような、包括的な世界知へとますます自己を形成していますが、あなたは自然科学の現在の状態を考察されるとき、われわれの神学にとってと言うつもりはありませんが、われわれの福音主義的キリスト教にとっての将来についてどう予感されますか。われわれの福音主義的キリスト教にとって、と言ったのは、ローマ・カトリック教会がもちろんつねにあるからです。もし科学に対して剣で打ちかかることができるのであれば、また健全な研究のあらゆる攻撃に対して、あらゆる外的な補助手段を所有して、身の回りに柵をめぐらし、その内部で強制力をもつ教会の教えを打ち立てることができるのであれば——かかる教会の教えは、外部にいる人たちにはみな実体のない幽霊のごときものとして現れますが、しかし内部にいる人たちは、いずれの日かきちんと葬ってもらおうと思えば、それに忠誠を誓わなければならないのです——、この領域にいかなることが起ころうとも、もちろん何事も気にかけるには及びません。しかしわれわれはそうできませんし、またそうしようとも思いません。それゆえ、われわれは現に発展している歴史で間に合わせなければなりません。

そしてかかる理由で、わたしにはそうとしか考えられないのですが、多数の人々がキリスト教の本質と分かちがたく結びついていると考えることに慣れている多くのものを、われわれはなしで済ますことを学ばなければなりません。わたしは六日間の創造の業[22]について語ろうとはまったく思いません。しかし通常構成されるような創造の概念は、モーセ的年代学への遡源は別にしても、あるいは解釈がすでにもたらした、もちろんかなり不確実なあらゆる気休め的な説明にもかかわらず、保持されなければなりません。創造の概念は、誰一人としてそれから免れることのできない、いろいろな学問的結合から形成される世界観の力に抗して、どれくらい長くなお保持され得るのでしょうか。とりわけ専門家の極意は諸学問の方法と細目のうちにのみ存しており、しかし偉大な成果はすぐに国民全般のなかのすべての明晰かつ思慮深い頭脳に接近し得るものになるような時代において！

新約聖書の奇跡については（というのは、わたしは旧約聖書の奇跡については、さしあたりまったく語るつもりがないからですが）、これが以前のいい加減な百科全書の時代よりも品位があり、またはるかに優れた根拠づけをもつ前提からして、新たにジレンマに陥るまで、なおどれくらい長く続くでしょうか。すなわち、一方では新約聖書の奇跡が属している全歴史が、作り話（Fabel）と見なされることを甘受しなければならなくなります。というのは、歴史的なものが本来どれくらい基礎にあるのか、もはや突きとめることができないからですが、そうなるとキリスト教はとりわけ、神の存在からではなく、無から生じたように思われます。他方では、もし新約聖書の奇跡が本当に事実として妥当すべきであれば、それが自然のなかで起こったかぎりにおいて、自然のなかにもそれに対する類比（Analogien）が探し求められるということを、承認しなければなりません。

かくして、ここでもふたたび奇跡の概念はというと、それは従来のやり方と様式では存続することができなくなるでしょう。親愛なる友よ、そうなると何が起こるでしょうか。わたしはその時代をもはや生きて体験はしないでしょうが、心安らかに眠りに就くことができます。しかしわが友よ、あなたやあなたの同世代の方々――そのうちの多くはわれわれと同じような感覚をもっていますが――は、何をしようと考えますか。君たちはそれにもかかわらず、この外塁に立て籠って、学問からわが身を遮断しようとしますか。時代から時代へと更新される嘲笑の砲撃は、わたしはこれを意に介するつもりはありません。なぜなら、君たちがこの世を十分に断念してさえおれば、そんなことは君たちにとってあまり障害にならないからです。しかしあらゆる学問を遮断して、全面的な兵糧攻めに備える態勢に入ると、学問の方はその場合、君たちによって余儀なくされて（君たちが立て籠もるからですが）、不信仰の旗を立てざるを得ません！　歴史の結び目がばらばらにほどけて、キリスト教が野蛮と、そして学問が不信仰と同一視されるようになるべきでしょうか。もちろん、多くの人々はそのようにするでしょうし、その準備はすでに十分なされています。そして大地はわれわれの足元で盛り上り、そこではあの陰鬱な妖怪が、古い文字で書かれた堡塁の外にあるあらゆる研究を、サタンであると言明する狭隘な宗教的サークルから、這い出ようとしています。しかしこうした妖怪はおそらく聖墳墓の番人に選出されることはできません。わたしはあなたやわれわれの共通の友人、その弟子や後継者などを、番人たちの一人だと考えることができません。自由で独立した学問とわれわれの信仰論との間のあの闘争が、調停されないまま続かざるを得ないとすれば、二三の逃げ道を提案するだけでなく、むしろ提示すべきでしょうか。なぜなら、そうした逃げ道はすでに現れているからです。

近代の世界観にかんがみてのキリスト論

われわれにとって、これまで本来的なキリスト教であったもの、すなわち、そこからすべての人々がつねに新たに力強くかつ素晴らしい生を汲み出すことができ、また汲み出すべきであるところの、イエスの人格において示された神の啓示に対する信仰を、君たちが放棄できるかどうか、試してみたまえ。すでに久しい以前から、あるときはナザレの知者として、あるときは素朴な田舎のラビとして、大いなる賞賛をもって噂が広まり、しかも奇跡的な仕方でキリスト教会へと拡大した新しいシナゴーグを、ほとんど意図せずして設立し、キリスト教会の教えの中心、すなわち彼自身に対する信仰を、遺憾ながらある程度甘受したイエスを、君たちが受け入れるかどうか、試してみたまえ。イエスに対する信仰の背後には、精神的な凹面鏡を用いて影響を及ぼす幻影しか存在しませんが、しかしながら彼は、その時代に素晴らしいことを語りさえしました。われわれの有益かつ高貴な思想をそれに結びつけるために、ひとはイエスが語ったことをつねにモットーとして使用することができます。もし君たちが、イエスをなおしばらく名誉ある地位にとどめるために、また新しい中心人物や新しい格言集はつねに嫌なことであるので、国民教育と道徳化の仕事をなおしばらくこの糸で続けるために、自分たちもともに駆り立てられているという事実に、イエスに対する君たちの信仰を限定するつもりであれば、君たちは終わりの日が突然訪れたとき、いまよりもますます大きな釈明を求められるでしょう。そのような譲歩はすでに歴史的な過程においても容易くなされ始めています。あるいはエビオン派(24)が、ヨハネの感傷主義的な神秘主義やパウロの弁証法的な神秘主義から幸運にも遠ざかっていた真正のキリスト教徒として、すでに十分声高に褒め称えられていないでしょうか。

しかしもう一つ別の逃げ道も存在します。それはもちろん歴史的なことに関しては、エビオン派とそれほどかけ離れてはいませんが、しかしそれははるかに高く設計されており、また非常に堂々としているので、ひとはそこからエビオン派を、いわばより高次の意識をもって従来の道を見るかのように、見下ろすことができます。これこそが、親愛なる友よ、わたしもそうだと見なされているはずのものです。しかしそれはわたしの亡霊、つまりわたしとそっくりの他人（mein Doppelgänger）にすぎません。わたしは思弁神学（die spekulative Theologie）のことを言っているのです。ここでわれわれにとってとくに問題となるのは、神的本性と人間的本性はそれ自体として決して分離されていない、神的本性は人間的本性の真理である、そして人間的本性は神的本性の現実性であるという諸命題(25)ですが、これらの壮大な諸命題とエビオン派の処理方法の基礎となっているものとの関係は、哲学的洞察力の庶民生活の格言的賢明さに対する関係とほぼ同じです。

そしてキリスト・イエスの人格において、神と人間とのこの統一性が啓示され、一つの出来事として現実的になるということを読むとき[26]、これはわれわれの信仰に対する美しいまた真実の表現であり得ると、わたしは考えます。しかしつぎに、この真理はその確実性を神と人間の理念という概念のうちに、あるいは知識のうちに有している、ということを読むとき[27]、わたしは思弁の深遠さを完全に公平に扱いますが、しかしわたしはその真理に対するわたしの信仰の確実性の根拠として、思弁を承認することができないということを、あくまでも主張します。したがって、もし最初の二つの命題は実際にわたしの哲学を表わしているとすれば（但し、わたしがそう言ったわけでは決してありません）、第三の命題は、せいぜいこの哲学がキリスト教の信仰といかに調和するかを言い表わす一つの定式にすぎないでしょう。しかしわたしは、これであれ別の何かであれ、キリストに対するわたしの信仰が知識あるいは哲学から来ているということを、決して告白することができません。

永遠の契約

ますます差し迫る危機について思いを寄せて想像するとき、もしあらゆる学問を自分の生活領域から排除しようとしなければ、そのときにはわたしは必然的に二つの選択肢のどちらか一つを選ばなければなりません。一つの選択肢は、キリスト教の成立を共通の経験という無限の集積物のなかに一緒に投げ込むことです。この集積物は自分自身を原材料として学問に委ねますが、すると学問はそれに関して、何が正しいかを裁定し、それを他のものとは異なって骨折りに値するものと見なし、この対象を全体から特別に際立たせます。もう一つの選択肢は、わたしの信仰を封土として思弁から受け取ることですが、すると思弁は自然科学に対してわたしの信仰を擁護して闘おうとしてくれます。思弁は同時に自然科学に規則を与え、それをその普遍的構成に従わせます。以上の二つの選択肢がありますが、二つのうちのどちらを自分が選ぼうとしているか、わたしは本当のところわかりません。自分のことだけを言えば、わたしはただちに後者を選ぶでしょう。とはいえ、イエスの人格において現実のものとなった神の絶対的な親子関係に関するあの真理が、いかにしてその確実性を知識のうちに有しているのか、より詳しい説明を述べなければならないとすれば、無上の喜びがわたしから失われるであろうと、もちろん恐れてもいます。そしてその場合、贖罪者の歴史的人格にとって、あのエビオン派の見解においても出てくるものよりも、そう多くのものは残らないと予感しています。しかし教会のなかで、そしてとりわけ教師として考察するとき、わたしは決定的な仕方でこちら側から引き離され、反対側の方へと引っ張って行かれます。神と人間の理念という概念、これはもちろん貴重な至宝ですが、それを所有できるのはごく少数です。わたしは教会のなかで、何千人のなかで自分ひとりだけが信仰の根拠をもっているような、そのような特権をもった人間であろうとは思いません。ここでわたしは完全な平等性においてのみ心地よくあることができます。つまり、われわれはみな同じ仕方で一人の方から受け取り、彼において同じものをもっているという意識においてです。しかしながら、教会の説教者および教師として、わたしは神と人間の理念という概念を、老いも若きも区別なく教示するという課題を、自らに課すことはできません。そして一般的要件そのものに関して、わたしと他の人々との間には乗り越えがたい懸隔が固定されていると思います。わたしは彼らの信仰を根拠のないものと主張せざるを得ません。そしてまた、彼らの信仰をそのようなものとしてのみ強化し、堅固なものにしようとすることができます。

要するに、思弁神学は、すべての者が神について学識豊かであることを欲する、キリストの言表(28)に全然合致しない、秘教的《エソテーリシュ》な教説と公教的《エクソテーリシュ》な教説との対立(29)でもって、われわれを威嚇しているのです。つまり、知識のある者だけが信仰の根拠をもっており、無知な者は信仰しかもっていないのです。それゆえ、無知な者はおそらく伝承の道においてのみ信仰を獲得するのです。これに対して、あのエビオン派の見解は、キリストについてほんのわずかしか残しませんが、けれどもこのわずかのものはすべての人にひとしく近づくことができ、手が届くものなのです。われわれはそれによって、たえずローマ的なものに色合いを変えていくあらゆる思弁のヒエラルキーから守られ続けるのです。

エビオン派も思弁神学もわれわれが採る道ではありません。もしわれわれの教会の大本の起源である宗教改革が、生き生きとしたキリスト教信仰と、あらゆる面に解放され独立独歩営まれる学問的研究との間に、永遠の契約（ein ewiger Vertrag）を締結し、その結果信仰は学問を阻害せず、また学問は信仰を排除しないようになる、という目標をもたないとすれば、宗教改革はわれわれの時代の要求を満たしませんし、われわれは、たとえそれがいかなる闘争からどういう仕方で自己を形成するにせよ、さらにもう一つの宗教改革を必要とするでしょう。しかしわたしの確固たる確信は、この契約の根拠は当時すでに据えられており、われわれがそれを解決するためにも、われわれはこの課題についてのより明確な意識に至ることだけが必要だ、ということです。この意識は欠けてはいません。各人は課題の解決に何某かの貢献をするよう、十分促されていますし、また二重に要求されています。二つのものに同時に、つまり教会という建物と学問という建物に、積極的に関与しているあらゆる人は、そうなのです。

親愛なる友よ、これこそがまさにわたしの『信仰論』の立場なのです。わたしはそう固く確信していますし、また力の及ぶかぎり表現しなければならないとも思っていますが、われわれのキリスト教意識の要素を真に表わしているあらゆる教義は、われわれを学問とのいざこざに巻き込ませない仕方で、把握されることもできるということです。このことはまた、創造と保持に関する教説を論究する際に、[30]とくにわたしの課題です。まさにこの点では、奇跡についてのわたしの叙述[31]はあとで保持の教説に関係しますし、あらゆる奇跡中の奇跡、つまり贖罪者の出現もまた、これに関係します。[32]しかもわたしはこの問題すらも、信仰の不利益になることなしに、学問がわれわれに戦争を宣告する必要がないような仕方で、仕上げたものと考えています。もし学問が、今日でもなお物質は球状になって無限の空間において回転し始める可能性を承認しなければならないとすれば、それはまた、われわれが新しい創造としてのみ、つまり高次の精神的生命の発展の純粋な開始として説明することのできるような、精神的生の領域における現象が存在するということを、承認しなければならないでしょう。われわれが事実的なものの内部において、自然的なものと絶対的に超自然的なものとの間に、境界線を引く必要がないとすれば、そして何かがわれわれにそれを強いるということを、わたしが理解できないとすれば、われわれはまた学問を自由にして、学問がわれわれの関心を引くすべての事実をおのが坩堝に受け入れ、問題事項とのどんな類比を見出せるかを、検証させることができるのです。

親愛なる友よ、〔拙著を編成するにあたって〕わたしが実際に従っており、また同様の理由から今でも保持している順序ほど、楽なものはなかったということを、おわかりいただけたと思います。そしてあなたはまた、本来的にキリスト教的なものの叙述にすでに取り組んだあとで、この対象をさらにそのような仕方で論ずることは、わたしにとって心地好くはあり得なかったということを、喜んでご承認くださるでしょう。わたしは自分の著作を誇るつもりはありませんし、また誰しもそうしなければならないと主張するつもりもありません。わたしがそのことに執心したことがなかったことは、あなたがご存知です。しかしわたしはこう言うことができると思います。すなわち、今日われわれの信仰論について作業をしながらも、この意味で作業を行わない人は、すべてを昔のままにしておき、したがって本当のところは何もしないか（そうすると、主が来られたとき、主はその人が目を覚ましていないことをお知りになる）[33]、それともつぎのような二つのいかがわしい逃げ道のどちらか一つに、われわれを導くでしょう。

歴史学によって唱えられる異議

しかしわれわれは、自然科学と世界知のみに関わるのではありません。むしろ歴史研究と批判――この二つはわれわれの仕事においても欠かすことができませんが――による同じような危険性が、われわれを脅かしています。モーセ五書と旧約聖書正典一般に関する最終的判決がいかなるものになるか、すでにご存じでしょうか。歴史的な事柄について健全で生き生きとした直観が形成されている人々の間で、メシア預言やいろいろなお手本についてすら、従来の取り扱いがなおも長い間信仰を見出すであろうと、あなたは期待されますか。もしわたしが時のしるし(34)を正しく理解しているとすれば、わたしはそれを信じることができません。その頂点に尊敬すべきシュトイデルがいますが、若干の神学者たちはたしかに誠実にその持ち分を果たしています。(35)しかしなされるべき仕事のうちの多くは、彼の繊細な卓越性をもって達成されてはいません。

自らの弁証学において、この対象に非常に大きなスペースを与え、それを非常に大いなる愛情と誠実さをもって研究している、われわれの友人のザックですら、わたしは心配するのですが、非常に長い間研究してきたわけではありません。(36)ユダヤ民族において、一定の時点まで継続されてきた特別な霊感あるいは神の啓示に対する信仰は、ユダヤ史に関する現在の研究状況においては、すでに誰にでも要求できるものではありませんし、それがこの研究の結論において、より多くの支持を得るようになるようには、わたしには思われません。したがって、わたしが明確に認識し生き生きと感じていることをそのままハッキリと述べることが、わたしには非常に本質的なことだと思われます。つまり、キリストにおける神の啓示に対する信仰は、ユダヤ人の信仰にはいかなる仕方でも依存していないということです。もしわれわれの信仰論が、あらゆる真の啓示の事実、あるいはいわゆる啓示の事実についての、諸々の決定事項の収集ないし体系であるべきだとすれば、もちろんこれに関しても何某かの決定がなされなければならないでしょう。しかし信仰論はキリスト教信仰それ自体についての説明のみを与えるべきなので、われわれはまた〔ユダヤ史という〕この重荷を、自らに負わせてはなりません。必要なことはつねに内側から成立しなければなりません。われわれはそのために預言者的な悲痛を必要としません。「わたしはどこへ行くべきであろうか」という問い[37]に対して、わたしはもともと旧約聖書の預言についての研究を通じて、正しい答えへと導かれるような人が、いずれ現れるはずだと信じています。

実際、記憶しているかぎりでは、わたしは『信仰論』のどこかで述べましたが[38]、そこで述べたことよりもさらに多くのことを述べたいと思います。すなわち、旧約聖書の預言がイエスに合致しないという明白な疑念が、信仰への途上にあったその当時のユダヤ人に、キリスト教への入信を思いとどまらせたことすらなかったでしょう。生き生きとしたキリスト教は、その発展において断じてユダヤ教から支点を得ることを必要としなかったという確信は、わたしにおいては自らの宗教的意識一般と同じほど古いものです。わたしはキリストを旧約聖書の預言から証明しようとする努力を、決して喜ばしい仕事だと言明することができません。ですから、相変わらず多くの尊敬すべき方々が、そのことでひどく苦労されていることは、遺憾なことです。まさにそれゆえ、わたしはそのような試みには何か間違ったものが基礎にあり、それがともに関与していると推測せざるを得ないのです。そしてまた、もしこの外的な証明に大きな価値を置くとすれば、それは少なくともキリスト教の内的な力に対する溌剌とした確信が欠如していることに、その原因があると思うのです。

しかしながら、〔キリストの出来事を旧約聖書の預言の成就として証明する〕この理論は、しばしば古い契約の不完全な本質と貧しい要素への一般的愛着の枝分かれにすぎないようなものです。完全なものを所有しているわれわれとしては、これを正当に放棄すべきなのです。それにこの理論は、あの目前に迫っている危機に際して、それほどわれわれの利益になるものではないと思います。少なくともわたしにとって、われわれの友人〔ザック〕が彼の『弁証学』においで述べていること、すなわち、預言的な御言葉はいまでも、そして信仰に固く立っているキリスト者にとって、教化と認識のための尽きることのない源泉であるということは[39]、全面的な真理ではありません。新しい契約の豊かな鉱坑を正しく掘削する代わりに、われわれが古いものにしがみつけばつくほど、敬虔と学問との間の分裂はますますひどくなると、わたしは恐れています。それゆえ、信仰にとっての預言の価値のみならず、また旧約の啓示とキリストにおける啓示との関係、さらにそれと密接に連関している、旧約の教会と新約の教会との統一性について、自分の見解をかざして全面的に表に出ることは、自らの責務であるとわたしは思うのです。

そして、この問題をただちに取り上げれば、〔歴史学的〕批判は新約聖書正典に関して、われわれに何をもたらすでしょうか。あなたもわたし同様、たしかに批判を阻止しようとはされません。これまで分散していたヨハネ福音書の性格に関する暗示が、批判的仮説によるしっかりした形態で浮かび上がってきたことを、喜ぼうとしない人がいるでしょうか。これはおそらくほかに打開策がありません[40]。しかしシュルツ博士[41]が、マタイについてもちろんほんの手短に述べられたにすぎないこと[42]、しかしたしかにもっと詳しく、いまよりももっと説得力をもって詳述され得ることが、一般的に承認されるようになるまでに、どれくらい時間がかかると思いますか。さらにわれわれは複数の書簡についても、かつて教会のなかに存在していた疑いに立ち返るべきではないでしょうか。われわれはその際に、本質的なものを何一つ失うことはできません。キリストは同じままであり続けますし、キリストに対する信仰も同じままです。しかし正典論と、正典に関して聖霊の特別な働きを説く霊感説については、歴史学的研究の一般的に承認されている結果と矛盾するものを、一切持ち込まないように、よく考えなければならないでしょう。聖書に含まれているすべてのものが神的教説であるという原則を掲げることは、ますます困難になるでしょう。そしてその際に、どのテクストが聖書であり、また聖書と他のものとの間にいかなる境界線があるかは、規定することができません。

しかしながら、この問題を論ずるとわたしが本来弁明すべきことからさらに外れてしまいます。わたしは聖書論についての自分の立場と取り扱い[43]が——ちなみに、これについては、わたしはそのためにこれ以上厳しく攻撃されたことはなかったこと、カトリックへの接近の罪を帰せられたこと、それがわたしに反対するわれらがデルブリュックの心を、少しも和らげなかったということ、以上のことに驚きました——、信仰論を構成するときとまったく同じ原則に基づいていることにのみ、留意させたいと思います。すなわち、あたかも途切れなく連続する伝承において、従来のすべてのことをできるだけ保持し、さらに伝えることが重要であるかのように、信仰論を形成すべきではなく、むしろ現今のような瞬間に、自分には避けがたく思われる近未来をおもに顧慮しながら、信仰論を形づくるべきだという原則です。もちろん、それは福音主義的キリスト教の本質に属しているものを犠牲にしたり、あるいはそれをただ隠したりするためではありません。そうではなく、それは明らかに副次的な仕事であり、もはや通用しない諸前提に基づいているすべてのものを、われわれから片づけるためです。それはわれわれが無用な闘いに巻き込まれないためです。無用な闘いに巻き込まれると、多くの人は本質を保持できるという希望を、そのあと容易に諦めてしまいます。この点は第一の点とは違って、もはやわたしの気まぐれと直接関連していない、ということがおわかりでしょう。わたしはこの関係において、ただつぎのことを言おうと思います。すなわち、たとえわたしが第二主要部から始めようとしたとしても、わたしは信仰の本来的根拠としての聖書論を、先に送り出すことは決してできなかったでしょう。

さて、すべてを総合なさるとき、あなたがわたしの気まぐれを全面的には非難なさらず、むしろわたしがそれを幸運にも貫徹したことを、褒めてくださるであろうことを願っています。しかし自らの無能さゆえに、わたしはあなたに対して苦しい立場にあることを恐れています。要するに、わたしは『信仰論』において、あることを達成しようと強く願ったのですが、しかし非常に不完全にしかできませんでした。そしてもし別の立場を選んでいたとしたら、もっとできなかったであろうと心配しています。でもわたしは、自分が欲したことをできなかったことについて、あなたの厳しい判断を決して心配しているのではありません。わたしが心配しているのはむしろ、あなたがそもそもわたしが欲したという事実を是認なさらず、失敗はまずい計画に対する正当かつ不可避的な罰にすぎないと、安っぽい言葉で慰めて、わたしを無罪放免にされないかどうかということです。わたしは、少なくともこの件について、あなたがどうお考えであるか確かではありません。なぜなら、われわれはこの対象について久しく論じていないからです。

合理主義者を教会に包摂するためのキリスト教の定義づけ

いわゆる合理主義者を、たとえ友好的であれ、あるいは善良な性質のものであれ、われわれの教会共同体から締め出すことは、キリスト教的でもなければ、有益なことでもないということに関して、われわれの間に不和があることをわたしは心配していません。穏和な性格でしっかり根拠づけられた名声をもつ人々が、教会の真の利害を甚だしく誤解して、合理主義者たちを攻撃するあのような闘争に引きずり込まれるとすれば、痛ましいことです(44)。ところで、この問題に関して起こったように、一面的な傾向が非常に強く立ち現れると、そういうべきかどうかかわかりませんが、われわれ全員が乗っている小舟が転覆するかもしれないという自然的な恐れから、軽い体重であっても可能なかぎり、非常に強く反対側に体重移動するのが、わたしの流儀というか、あるいは悪い癖なのです。わたし自身の側で、そう呼ばれている尊敬すべき方々を、われわれの教会共同体のなかに繋ぎとめる用意ができていると、何らかの仕方で宣言するだけでは十分ではありません。むしろわたしはまた、彼らが正当な権利をもって教会のなかに留まり続けることができるということを、示したいと思います。異端的なものを解釈し制限しようとするわたしの試み、非正統的なものと異端的なものとの明確な区別[45]——あたかも根本的信仰箇条についての完全に古くなってしまった研究によって、すでに片づけられてしまったかのように、ほとんど完全になおざりにされるのが常である対象——、さらに他の場所で語った多くの他の事柄、これらすべては同様の目的をもっています。

それぞれが自分の焦点からますますその余地を狭めようとし、その結果教会が分裂する実際の危険性が生ずるような二つの党派に対抗して、わたしは一般的に教会の内部に多くの余地をつくろうと欲するだけではありません。わたしの意図はまた、可能なかぎり個別的に、あらゆる主要な点において、教会的テーゼとそれに対立する異端的なテーゼとの間に、いかに多くの余地がなお残っているかを証明するのみならず、またいかに多くの友好的な意見の一致が、この余地の内部で正統派と非正統派とに共通なものをなお許容するかを証明することでした。われわれがこの立場を堅持すればするほど、目下両方の側でしばしば早まって攻撃されるのが常であると思われる、心情的確信をめぐる闘争が、本来いかほどのものであるのかが、真理に従ってますます容易に突きとめられます。

わたしはこのことに願い通りには成功していませんが、間違いはすでに序論に存していることを、いま十分明確に認識しています。わたしはキリスト教の特質をそれの中心的な関係点において指摘することのみが重要であった場所で、すでに救済の概念を必要以上に狭く収縮させたために、かなり厳格な見解のみがほぼ残る結果となりました(46)。キリスト教の根本的感情から非常に直接的に出発するハイデルベルク教理問答は、わたしをその一五番目以下の問いにあまりにも固く束縛してきました(47)。しかしわたしは、このように言うことをほとんど憚るべきでしょう。なぜなら、とりわけそのような叙述ゆえに、わたしは理想的なキリストにのみ関わっているとの罪を帰せられてきたからです。優れた教理問答ですら、「それではわれわれはいかなる仲保者と贖罪者を求めるのだろう」という構成的な問いゆえに、あとからわたしと同時に、グノーシス主義者だと宣告されるようなことが、結局起こり得るのです。

しかし、たとえわたしが序論で岩礁を幸運に避けたとしても――そしてこのことは第二版でも配慮されなければなりませんが――、またかりに叙述そのものがこの中心点から開始されていたとしても、やはりわたしは同じ間違いに陥っていたであろうと、いまわたしは確信しています。それゆえ、わたしが第二版に対してもこれまでの順序を変えずに保持する以上、わたしはこの点で自分の目標に少しでもより近づきたいと願っています。

教義学的体系化の本質

けれども、おそらくあなたは、わたしがすっかり安堵しながら、自分から進んで批判者やいわゆる論敵の罠にかかるのを見て、お笑いになることでしょう。しかしたとえ彼らのうちの幾人かが、彼らがわたしの本にいまなお認めている唯一の長所、つまり一種の体系的連関についても、格別に良いわけではないと言おうとも、もし一番後のものを一番前にもってこようが、わたしにはそれ自体どうでもよいことであれば、それでかまわないかもしれません。もちろんわたしは、ギリシア語のものであれドイツ語のものであれ、どの行からでも始めることができ、そののち前にでも後ろにでも随意に行けるような詩を、好きではありません[48]。哲学的体系の場合にも、わたしがディレッタントとしてそれについて判断できるかぎり、諸命題の区分と編成とにおけるそのような変更は、あまり得策だとは思いません。しかし教義学は、たとえそれが詩と同様、作者のうちにあまり真理をもっていないとしても、決して詩歌にはなりません。教義学はまた、たとえその作者が非常に哲学的であったとしても、哲学的体系であろうはずがありません。それゆえ、教養学には教養学の別の事情があるというだけではありません。むしろわたしは、そのような置き換えにも耐えるとき、それが教養学の長所であると、非常に大胆になって主張することができるでしょう。なぜなら、教養学は自分自身をおのが制約のうちに保っており、またそれ自体として同時に与えられており、相互流入的に制約し合っているものについての、快適で実際に役立つ、そしてそれゆえに、完全性の証明をも自分自身のうちに担っている、そのような配列以外の何物でもあろうとしないことが、教養学の一つのしるしだからです。ねらい通りの点に命中しさえすれば、どちらの側が先であろうがどうでもよいことです。本当のところ、まるで芸当を用いてキリスト教をどこからか演繹しようとしているかのように誤解されるくらいなら、いっそのことすべての名声を失ったほうがましです。きっと最初は、誰でも自分の意志にまったく反して何かを手に入れるものなのでしょう。わたしがキリスト教を依存感情から演繹しているという誤解ほど、わたしの労苦の本質的要素を表現していない言い回しもまたおそらく存在いたしません(49)。言葉というものはもちろん恣意的に用いられるものです。しかしそうであれば、ひとは少なくともこう言わなければならないでしょう。わたしがすべての宗教的なものを依存感情から演繹していると。もしその言語の慣用を同じ仕方で継続しようとするなら、ひとはわたしが救済の必要性の感情からキリスト教を演繹している、と言わなければならないでしょう。もっとも、救済の必要性の感情は依存感情の特殊な形態ではありますが。

しかしそれ以外の他の場合に、たとえばキリストが現れて、その栄光と力とにおいて認識されたときに、キリスト教はこの感情の躍動性によって成立したと、もしわたしが言うとすれば、ひとは「演繹する」という言い方をするでしょうか。同様に、チルナーの表現もまったくもって不適切です。それは「美的原理」という表現ですが、わたしはこれによって、まったく思いがけず、シャトーブリアン氏と、そしてつぎにまた、きっとシェリング氏も非常に思いがけなかったはずですが、シェリング哲学と一緒くたにされました。しかしわたしの体系的な技法は、もしわたしが教義学におけるあるものを自慢できるとしても、この意味での原理とも演繹ともまったく無関係です。そうではなく、それはまったく単純につぎのような区分の定式を見出す手腕にすぎません。すなわち、それによって叙述の完全性についての確信を得、またたとえ直接的でなくとも間接的に、あらゆる教義学的命題から、その命題によって言い表わされている直接的な自己意識へと遡源できるような、そのような区分の定式です。さらにその背後を捜す人は、もし何も見つからなくても、その償還請求をわたしにではなく、わたしの優しすぎる論敵に求めなければなりません。

(50) (51)

教義学的命題の三つの形式

親愛なる友よ、わたしがこの対象について、以下のような「あとがき」を述べても、驚かないでください。それは同時に「まえがき」だからです。つまりわたしは、拙著の第二版を出すにあたって、いまがその形態に関して書き直す時ではないかどうか、真剣に協議しました。わたしはこの本そのもののなかですでに暗示されており、いわば約束されている書き直しのことを意味しています。それは、教義学的命題の二つの形式、すなわち、神の属性を言い表わす命題と、世界の性質を言い表わす命題とは、付随的形式（Nebenformen）と名づけられるにすぎないということによって、暗示されています。なぜなら、根本的形式それ自体を担っている諸命題のなかに、すでにその本質的内実に従って、含まれていないものを、これらの命題は決して言い表わさないということが真実であれば、これら二つのものはなしで済ますことができるからです。これが実際にはまたわたしの確信であり、われわれの信仰論がこれらなしで済ますことをいつか学ぶであろうという確信も、これと連関しています。もしその経歴において、わたしと同じくらいまで前進している人であれば、自分の著作がその最終的完成においてどう形成されなければならないかを明確に理解するとき、自らその著作にこの形態をできるだけ迅速に与えようと努めるものであって、これほど自然なことがあるでしょうか。しかしながら、より詳細に考察したときに、いまこれを試みることは、自己愛に基づいているものの、著作そのものにとってはその影響力において有害な、急ぎすぎであろうということがわかりました。また、最初にわたしを思いとどまらせたのと同じ確信から、もしわたしが自分に向けられた論争によって誘惑されなかったとしたら、わたしはいまでもこの考えを決して受け入れなかったことでしょう。

たとえばバウア教授は、わたしがこれら三つの形式の間に設けた関係のなかに、彼がわたしのグノーシス主義と名づけるものに対する、一大証拠を発見しました。つまり、わたしにとっては理想的なキリストのみが存在するが、歴史的なキリストはわたし自身にとってあまり重要でないか、あるいはまったく重要ではないというのです[52]。あなたのお考えでは、わたしがこの誤解に対してどれほど多く、あるいはどれほど少なく責任があるのかどうか、わたしは知りたいと思います。これは明らかに少なくとも、わたしがこの形式を導入した際に[53]、つぎのように述べたことにのみ基づいています。すなわち、〔そこでわたしは、〕それにもかかわらず、このあとの二つの命題は、厳密にとらえれば、本来的には余計なものであるが、それらを無視しようとする教理的建造物には、正しい歴史的態度と、それゆえ、それの教会的性格とが欠落することになるでしょう〔、と述べました〕。なるほど、これら二つの表現は、文脈を外れて読まれると、不明確かつ曖昧です。しかし後者の文章は、公式の教説を講ずる教義学と、精神についてのものではあっても、キリスト教的な個人の確信についての体系との間の区別について、その直後に述べたことによって、十分明確です[54]。あるいは、教義学の図式主義が提起されるべきこの箇所で、何が教義学に属するのかということについてのより詳しい規定について遡って考えることを、注意深い読者に期待したのは、要求しすぎだったのでしょうか。また、「歴史的態度」(geschichtliche Haltung) という表現は、一つにはこの表現と他のものとがそのなかに置かれている連関によって、もう一つには「すべてのキリスト教信仰論は、これら三つの形式の命題を含んでいた」という、それに直接先立つ印象によって、明確にならないでしょうか。

そしてここにあるのが一つの「教理的建造物」(Lehrgebäude) であるとすれば、この文脈からして、ここでは決してキリスト教信仰論一般ではなく、それの可能的な配列が問題となっているということは、疑いようがないのではないでしょうか。わたしはそれゆえ、一つの書物の歴史的態度とキリスト教信仰論そのものの歴史的性格との混同に関して、何らかの責任を負うのでしょうか。そして「イースタープログラム」[55]が「歴史的態度」を「歴史的基礎」(fundamentum historicum) によって翻訳し、そしていまや、それゆえもし信仰論が例の二つの形式の命題なしでも完全であるとすれば、信仰論はまた歴史的基礎なしにも完全になり得ることになり、そしてこのことはまた、歴史的キリストなしでもよいことになる、と結論づけるとすれば[56]、わたしがこの責任を負わされるべきでしょうか。この議論は、第一の形式の完全性のなかにすでに含まれていないようなものは、これら二つの形式の命題のうちには一つも含まれていない、とわたしが腹蔵なく言ったことについて、いかなる仕方でも考えておりません。それゆえ、わたしの信仰論がまたそれを必ずしも位置づける必要がないように、他の信仰論はどこで歴史的イエスを位置づけるのでしょうか。

もちろん、あなたはとっくにこのほとんど理解しがたい誤解からわたしを放免してくださいました。しかしこの誤解がテュービンゲン学派[57]全体のなかに定着したように思われ、わたしは少なからず一息つきましたので、その土俵の上で彼らの誤解に反論し、そしてたとえすべての信仰命題が第一の形式のうちにとどまろうとも、歴史的イエスはやはりかつてと同じように確固とし完全であろうと指摘することを、わたしにお許しください。たしかに、教義学を完全に完結した仕方で、自分のなかで形づくられたような特質において叙述することは、間違いなく、わたしにとって決して小さな満足ではないでしょう。

バウア教授と類似の仕方で、レール博士もわたしをこの改訂作業へと刺激しています。それは彼が、この二つの従属的形式はわたしの処理の仕方では、それらに付与されるはずの価値にふさわしいものよりは、はるかに幅広いものになっている、とほのめかしているからです。[58] もちろんこの非難の背後には、わたしがそれを不必要だと宣言しておきながら、これらの形式なしには、多くの教理をまったくもって、あるいはやはり適切な仕方では、叙述へともたらすことができないのではないか、という疑念が潜んでいます。しかしいかに留意されるべきものであっても、こうした声もかかる変更を大急ぎで行うように、わたしを説き伏せることはできません。むしろわたしはすでに述べたのと同じところへふたたび立ち戻ります。要は、まだ時期尚早すぎるということです。もしそのような改訂をすれば、拙著はこの形式では単なる私家本（ein bloßes Privatbuch）となってしまい、さながら神学的文献のなかの陳列品（ein Kabinettstück）になってしまう危険性をおかすだけでしょう。幾人もの人がそれによって建徳および教化されるでしょうが、しかしそれはキリスト教教理の公式の講義に影響を及ぼすことがまったくできないでしょう。というのは、このためには正しい接触点が欠けているからです。いずれにせよそのようにすると、わたしが達成したいと願っていることの大部分は、達成できなくなるでしょう。

しかしそのつぎに、わたしが最も激しくそれに抗議している、非常に多くの教義学的表現は、第二、第三の形式の命題において見出されます。それゆえ、論争をさしあたり相変わらず同じ形式で遂行することは、不可欠であると考えます。なぜなら、弁証法的論争、すなわち現存のものから出発しそれを容認されたものによって検証する論争のみが、われわれの学問分野にいまなお付着しているスコラ学的ながらくたの山に対して、根本的に役に立つことができるからです。この論争は、事実を通して、それが諸命題のキリスト教的内実を揺るぎないものにするということを明らかにすると同時に、それがわれわれを他のいかなる哲学的体系の虜にもしないことを、われわれに保証します。この保証と明示ということは、第一の形式を完全に遂行することのうちに、必然的かつおのずから存在していなければなりません。このような論争のみがスコラ学的ながらくたの山に有効なのですが、われわれはこのがらくたの山からすぐに解放されわけにはいきません。

単なる単純化の方法は、すでに随分前から行われてきましたが、これは長い目で見るとおそらく適切であることが実証されないでしょう。なぜなら、ここで語らなければならない二つのグループは、鋭く裁断され分断された表象から不明確で奇形な表象へと向かうことに満足できないからです。学問的精神はそこに進歩ではなく、対象に当惑して疲労困憊した状態のしるししか見出せません。けれども敬虔な感覚は、いくら死せる文字から逃れようとしても、非常に重層的な定式は自己を表出しようとする欲求からは生じ得なかったであろうということに、やがて気づかなくてはなりません。しかしこの欲求が、つねにキリスト者の直接的自己意識へと立ち返る根本的形式が提供するような、信仰の表現によって満たされるとすれば、そのときに学問的精神は、遠い過去に属する定式について、何が正しいかの判断を下すことができるのです。

この闘いはすぐにはまだ戦闘終結とはならないでしょう。それゆえ、この件に関して自分なりの最善を尽くすために、わたしは以前に選択した複雑な方法に、今回もまた忠実であり続けなければなりません。そしてわたしがなお自分自身でやりたかったことは、遠い将来に委ねなければなりません。しかしわたしが、すべての教理を根本的形式に従ってのみ取り扱い、そしてこのような仕方で反スコラ的論争を行おうと欲したとしても、詳細はいまと同じものにとどまらざるを得ないでしょう。調整の必要がなくなる度合いに応じて、下位の部門は多重化せざるを得ません。その結果、素材はより扱いにくくなり、そして把握はより困難になるでしょうから、これは決して利益になることではないでしょう。それゆえ、スコラ学が完全に廃止されてしまったとき、わたしはせいぜい個別的にここかしこで手助けをすることができ、そしてわれわれがそこに立ちとどまることが許されている、より単純な表現をより力強くより明確に指し示すことでしょう。

ところで、変えなくてもよいのであれば、結構なことです。わたしは、信仰論のより自由でより生き生きとした取扱い方法の形態を、せめて遠くから垣間見たという確信をもつことで、少なくとも喜んでいます。そして有難いことに、まさに暗示したように、わたしにはこの目標へと至る道も見えます。わたしはまた、新進気鋭の世代の学問的精神――この精神は、たとえ哲学的形式がいかにスコラ学にふたたび近づこうとも、われわれの領域ではわれわれをそれから解き放たなければなりません――からだけでなく、彼らの敬虔の自由の感覚――これは他方ではまた、われわれを人間的な文字のくびきのもとに跪かせる傾向がふたたび現れようとも、われわれの領域で思弁のあらゆる介入からわれわれを確実に守ってくれるでしょう――からも、最善のものを期待しています。

文体的な修正

親愛なる友よ、そういうわけでわたしは、拙著の大幅な改訂を敢えて企てることができません。新しい版においてなすべきこととして、何がわたしに残されているのでしょうか。わたしはとくに二つのことを企てました。残念ながら、わたしは一方のことについてのみ、ある確実性をもって自分が成功するであろうとわかりますが、これに対してもう一方のことは、試みるつもりではありますが、どういう成功を収めるかはわかりません。後者から始めさせていただくと、これは本をできるだけ短縮するということです。というのは、わたしはそれを見るたびに、自分の本について驚きます。何と頁数が増えて、自らの意志に反して、制作中に非常に大部なものに膨れ上がり、ほとんどあたかも突然方向転換してしまって、時たまそのことを非難されてきたような、あまりに短すぎる代わりに、詳細をきわめたものになってしまったのかと。拙著をはるかに小規模の他の類似の本と比較するとき、これらがとくに最近の文献を何と潤沢豊富に含んでいるか、また卓越した学者たちの個々の見解がいかに沢山顧慮されているかに、わたしは感心する次第です。それゆえ、わたしがはるかに少ない事柄に――というのは、わたしはこうした付加物をどこでも用いなかったからですが――はるかに多くの紙面を用いたことを、わたしは本来恥じないでおれるでしょうか。それゆえ、わたしはできるだけ縮めたいと思っています。

もちろん、不利益になることを承知でなければ踏み越えることのできない、二つの限界がわたしに設定されているだけです。この書は少なくともいまと同じくらい、それ自体によって理解できるものでなければなりません。本気で言われてはいないとして、薄笑いを浮かべるのだけはやめてください。わたしが言いたいのはただ、言われていることが明白になるために、他人のものであれわたしのものであれ、本書以外のものが参照されなければならないというのでは、駄目だということです。もちろんこの場合、拙著『神学通論』は例外扱いとしますが、しかしこれも本書の前庭〔にあたる序論〕に関する部分に限られています。今後さらに神学的教科書を書くことができれば、すべての教科書において、わたしは同じようにこの書を引き合いに出さねばならないでしょうが。しかしそれ以外では、そして非常に厳密な一体性を差し引くのであれば、一人の著者のすべての書物は一つの全体として見られなければならず、そして各々の著作はそれが属する文学の分野における個別的な芽にすぎないということには、限度がなければなりません。このことは、とりわけ著者が自分自身を理解するよりもよく著者を理解する（den Schriftsteller besser zu verstehen, als er sich selbst）[59]ところまで至ろうとするときには、読者にとって素晴らしい規則です。しかし著者は、彼が全体として与えるものを、またできるだけ自己充足的な仕方で叙述しなければなりません。しかしそのつぎに、もし講義全体がすっかり入れ替えられるのでなければ、あくまでも諸命題の詳細な解説は、諸命題そのものから、言語においても明確に区別されなければなりません。この文体（Schreibart）は、われわれの学術的講義との連関は別にしても、ひとがそれに厳格に従うときには、大きな利点を有しています。しかしその場合、諸命題はまたできるだけ警句風に簡潔（aphoristisch）で、その各々は何かあるきちんとした主張をすべきです。そのような本において、命題自体がすでにかなりくだくだしており、そのあと印刷の文字サイズによってのみ命題から区別できる解説が続き、さらにそのあと後続の命題に「承前」と題されるときほど、わたしにとって奇妙に思われることはありません。こうしたやり方とは異なって、わたしが解説を命題と同じように警句風に簡潔に記すべきでないとすると、わたしのいう節約がどれくらい有意義になるか、わたしにはわかりません。もしわたしがこの試みにとくに成功しないとすれば、わたしはとりわけあなたに、行為に対する善意は認めてくださるようお願い致します。というのは、まさにあなたは同一の書物のなかで、比較的ゆったりした文体からより簡潔な文体へと移行する見事な術を心得ていらっしゃるからです(60)。

しかしまた、もしわたしが願い通りに成功するとしたら、そのときには大きなスペースがちゃんと取っておかれているはずです。なぜなら、わたしはあの二つの点において、わたしのこれまでの処理方法から逸脱しないでしょうから。まず本来のいわゆる参考文献目録に関してですが、わたしはより詳しい検証のために自分の見解を推奨したいと思います。すなわち、こうした参考文献目録は、大学での勉学と密接に連関している書物においては、通常挙げられているような仕方では決して含まれるべきでない、ということです。われわれは一般的に、印刷された用紙のために余地を残すように意を用いなければならない、というだけではありません。学生の参考図書はできるだけ持ち運びできるように作られていなければならないということも、とくに重要であるとわたしには思われます。ところで、神学の教科書を概観するとき、われわれは同一の書物が数えきれないほど頻繁に相互に引用されているのを見出します。もし引用箇所が略さずに書かれるとすれば、いかにスペースを食うことでしょうか。もし単に引証されるだけなら、その種の書物を使用する人のうちのどれくらい多くが、そのような引証に基づいて引用箇所を調べるでしょうか。とくにわたしがさしあたり語っている、最近の書物(61)においては、いかがでしょうか。それゆえ、わたしはつぎのようにすべきだと考えます。個々の学問分野の教師は、特別の予備的講義における神学書の知識が合目的的に取り扱われるということを、あるいは少なくともその聴講者が、ハンドブックを通じてであれ、書評誌を通じてであれ、はたまた口頭伝承によってであれ、重要な最新の著作について情報をもっていることを、信頼できないでしょうか。まあいいでしょう、教師は自分の教科書に、最も推薦したい書物の目録を付けるべきです。それは一般的なものであれ、あるいは個別の主要な問題を扱っているにせよ、ここではある著者の仕事がとくに良く、あそこでは別の著者の仕事がとくに良いというふうに、著者の見立てに応じてなされるべきです。しかし個々の箇所についての参照指示は差し控えなければなりません。今までほとんどすべての教科書は、とりわけ最も愛読されているものが最も多くそうなのですが、そのような文献案内を大量に含んでいますので、わたしはそれだけますますこのような前提から出発することが許されていると考えます。加えて、大学相互の交流が盛んになっていますので、教師ならびに教科書に関して、口頭伝承が初学者たちの間で大きな影響力をもっているように思えます。それゆえ、わたしがこの分野の同時代の学者の方々や研究協力者の方々の名前を頻繁に繰り返すやり方で、自分の本を飾り付けなかったことを、彼らにご容赦いただきたく存じます。

かなり古い時代の、とりわけ教父の書物からの引用に対しては、わたしはつぎのような原則を立てました。すなわち、厳密な意味で信仰告白にあたらない定式の場合には、これに対しては信仰告白書を引証することで十分なので、これについてはわたしの知るかぎりでの最古の資料に遡ることにします。但し、それはわたしが推薦する形態で引用されます。そしてわたしは、当該の対象がそのなかで公然と（ex professo）取り扱われる書物や章節にのみ遡源し、このなかで最も含蓄に富み、かつ最も曖昧でない箇所を選ぶことを厳密に守りましたので、文脈から切り裂かれた引用箇所は多くのことを証明しない、というデルブリュックの非難を、わたしは本当に予期していませんでした。彼が試しに一つか二つの段落を調べ、そしてこうした勘ぐりから明確な非難をしたのであればよかったのですが。ともあれ、わたしは専門家が彼を擁護して闘わないことを真に願っていますし、彼自身がすでに自分の書物の一四〇頁で、このひどい仕打ちに対する友好的な補償を行ってくれました。(62)

さまざまな叙述の、とりわけ最近の叙述の、多様性(63)に立ち入ることは、スペースを節約したことに応じて同時に生じた、個々の条項に充当されるスペースの拡大によって可能となったはずです。しかしわたしは、キリスト教信仰の全体を包括する教科書は、教会の諸原則との連関を放棄することなく、その内部で表象が動くことができる限界を規定するという本質的責務を果たせば、それで十分であると考えています。そして全体の外観があまりにも困難になるべきでないとすれば、個々の条項は、それがもはやモノグラフと区別できないほど、詳細なものに拡張されてはなりません。それゆえ、わたしは第二版に対してもこの種のあらゆる拡張を断念するつもりです。わたしとしては個々の条項がつねに然るべく見られておれば満足です。

序論における諸変更

わたしが自分の目標として定めた第二の点は、序論における修正とおそらくそこから生じてくる重要な諸々の変更です。わたしはつぎの事実から自分を咎めざるを得ません。すなわち、わたしの批判者たちの大半がとくに序論に関わっていたように、最も重大な誤解の大部分は、彼らが序論を教義学そのものと一体であると考えたことから、生じたということです。二、三の事例を取り出させてください。

有名な『テュービンゲンのイースタープログラム』は、わたしがキリスト教的敬虔を普遍人間的な敬虔意識から説明しようとしている、と言います。(64) もしこのことでもって、バウア氏自身が、テュービンゲンの雑誌のなかで、そのプログラムについて提供した報告において表現したように、わたしがあの共通の意識がとり得る種々の可能的様態のなかで、キリスト教にその特有の地位を規定しようとするということ以外の、他の何事も理解されるべきでないとすれば、(65) そこにはいかなる誤解も存在しません。しかしそこでますます発展してくるのは、わたしがキリスト教を、ひとがよく言うように、ア・プリオリに証明しようと欲しているという見解です。もしバウア氏が、彼がもっぱら関わらなければならない、序論の諸命題のなかに、単なる場所規定（Ortsbestimmung）以上のものを探し求めなかったとすれば、このような見解がいかにして可能であったのか、わたしには理解できません。このことは以下のことによってわたしにはさらに明確になります。すなわち、彼は序論における救済概念の取り扱いから、わたしにおいては贖罪者の概念は決して歴史的に与えられたものではなく、救済の概念と重なり合っており、それゆえ、わたしのキリスト教も例の事実に本質的に基づいているのではなく、完全に概念のうちに根拠づけられている、と推論するのが正当であると見なすのです。なぜなら、彼が言うには、そこにおけるすべてのものは、ナザレのイエスの人格における救済の意識に関係する、という命題がたしかに掲げられるけれども、そのあとの命題の解説においては、この人格についてもはやそれ以上語られず、救済者の概念がより厳密に規定されるだけだからというのです(66)。さて、もしバウア氏があくまでも、ここではキリスト教にそのしかるべき場所を規定することのみが問題である、と主張するのであれば、彼はわたしの『宗教論』についてまったく知らないわけではないのですから、彼はこの節をまったく違ったふうに解釈したことになるでしょう。イエスの人格に関することについての、それ以上のすべての解説は、キリスト教におけるすべてのことはこの人格に関係するのですから、当然まさにそれゆえに教義学に属します。序論においてはただつぎのことが示されなければなりませんでした。すなわち、救済の概念は、救済をもたらすべき人物がこの人であれ別の人であれ、もしそれが特別な信仰方法の中心点を形づくるのであれば、いかに捉えられなければならないか、ということです。それゆえ、にもかかわらずバウア氏があのような要求をするのであれば、彼は序論の全傾向を教義学そのものの傾向から区別することが、あまりにも少なすぎるのです。

しかしこのことは、なぜわたしが序論の諸命題をもあの三つの形式で述べなかったのかを、彼が不思議に思っていることによって、最も強烈かつ紛れもなく示されています。それどころか、わたしが本来自分の教義学によって秘かに企んでいることは、そのときはじめて発現してくるので、このことは起こるべきだったと、彼はある程度要求しているのです。しかしなぜでしょうか。それはわたしがあの三つの形式について、教義学的命題との関係においてのみ語り、序論全体のなかには一つとして本来の教義学的命題が見出せないからです。もしわたしが、大量の他の混乱を必然的にもたらさざるを得ないような、そのような一つの混乱を惹き起こしたとしたら、いかにしてわたしは自らの真意をそれによってますます明らかにすることができたでしょうか。はたせるかな、バウア氏はここから述べるすべてのことを、本来の問題であった三つの教義学的形式の間の関係にではなく、一方では宗教の二つの主要な形式の間の関係に、そして他方では異教、ユダヤ教、そしてキリスト教の間の関係に結びつけますが(67)、これはわたしにとって混乱以外の何物でもありません。そこにわたしは、自分の意図を何らかの仕方で明らかにしてくれるものを、少しも見出しません。それゆえ、鋭い眼識をもつわたしの分析家は、もし二つの部分の間の分裂を何らかの仕方で見落とさなかったとすれば、まったく教義学そのもののなかにのみその場所をもつことができるものを、序論に要求するというところまで、いかにして辿り着いたのでしょうか。

手助けはできませんが、知り合いの人物について、さらに二、三の実例を挙げますので、辛抱強くわたしにお付き合いいただかなければなりません。わたしは敬愛するシュヴァルツが、『信仰論』の書評に払ってくれた大きな労苦[68]に対して、非常に恩義を感ずる者ですが、多くの個々の点でも、さらに特別の感謝を言わなければなりません。彼は序論における探究が予備教育的（propädeutisch）かつ公教的（exoterisch）であるにすぎないということを、全体的に非常にはっきりと承認してくれました[69]。しかしそれにもかかわらず、彼はつぎのように解釈しないわけにいかないと考えています。すなわち、他の信仰方法と比較しつつキリスト教の特質を明らかにすることによって、キリスト教が宗教共同体の全領域のなかで占めるべきその場所を規定するという、第六節以降でなされている試みは、キリスト教信仰論を基礎づけるのに十分ではない、というのです[70]。しかし序論でそのような基礎づけを与えようとする考えは、いかにしてわたしに生じ得たでしょうか。他の宗教共同体の各信仰論にとっての基礎づけがどういうものであったかは別にして、それは自己意識のなかに潜んでいる自己を表出する必然性への遡源、およびこの表出の共同体をもたらす全体意志への遡源です。キリスト教信仰論にとって、それを叙述することは同時に基礎づけることです。なぜなら、キリスト教信仰論におけるすべてのことは、それがキリスト教的自己意識の正しい言述として叙述されるということによってのみ、基礎づけられるからです。しかし自らの自己意識のなかにこのような内容を見出せない人にとっては、いかなる基礎づけも可能ではなく、自己の個人的な敬虔意識が、教理的建造物〔教理体系〕において叙述される全体意識（Gesamtbewußtsein）から逸脱する地点を捜せ、という要請しかありません。

　序論は、キリスト教自己意識のあらゆる様態において妥当するもの、しかしキリスト教自己意識の外に存在しているのではないものに対して、一つの定式を打ち立てる試みを、必然的に企てなければなりません[71]。しかしこれとても誰にとっても基礎づけにならない可能性もあります。序論はこの定式をキリスト教的全体意識へと遡源することすら目指しません。そうではなく、序論はここでは、わたしが宗教哲学（Religionsphilosophie）――他の人々は違う言葉を用いますが――という表現で表示するのを常としている領域で動いていますので[72]、したがってこの定式は、あらゆるキリスト教的な敬虔な興奮とそれを言述する信仰命題は、いかなる非キリスト教的なそれからも区別され得るものであると、あらゆる非キリスト教徒が見なさなければなりません。それゆえ、ここでも序論の課題と教義学そのものの課題との混同は、前提されるべきではありません。

われわれの友であるザックが、わたしの啓示概念の取り扱いに関して述べたことについて、さらに一言申し上げます。すなわち、わたしが啓示概念を教義学的に厳密に捉えられるべきでないものとして叙述しているということ、そしてこれは彼の立場からの見方でしかないにもかかわらず、絶対的な啓示はキリストのなかにのみ存在するというわたしの別の主張は、歴史的内実しかもたず、啓示概念の規定を刺激するものではないということ、これがザックの言い分です。わたしは自分の取り扱いが弁証家にとっては素晴らしいものだと考えていました。何といっても、わたしの序論はここでは実際に弁証学の領域で動いているからです。もしキリスト教の弁証家が、他の信仰を信じる仲間に、つぎのように言うことができるとしたら、いかがでしょうか。「君たちが啓示されたと呼ぶものは、もし君たちが別のところでまったく、あるいは非常に不明確な意味でしかそう呼ばないのが常である、多くの他のものと同様に、君たちがこれもまた啓示されたものだと言明しようとしないのであれば、啓示されなかったものから決して明確に区別はできません。しかし君たちが啓示の概念をそういうものだと見なすのであるから、君たちはそれだけますます、わたしが自分のものを啓示されたものと見なすことを認めなければなりません。これは他のすべてのものから非常に明確に区別されるので、神の原初の啓示、つまり創造に対してのみ、第二の啓示として比較され得るものなのです」。この弁証家の論の立て方は、決して悪いものではありませんし、同時に啓示概念を教義学的に保持できるよう配慮しています。しかしこれこそまさにわたしが行ったことなのです。序論はさしあたり、複数のあるいはすべての宗教に共通なものとしての啓示概念に関わっているのであって、したがって序論は啓示概念を無規定の状態で見出します。それゆえ、これはまさに歴史的なものなのですが、われらがザックはそれを教義学的と呼んでいます。しかしこの同じ概念がキリストに関係づけられると、キリストにおける神の存在の仕方に対する表示として保持されるということ、このことはまさに教義学的に用いられることのできるものです。しかしわれらがザックは、こちらを歴史的と呼ぶのです。教義学においてもこの表現を多様な定式で使用しないほうが得策である、とわたしが言明することは(73)、こうした事態において何も変えはいたしません。それゆえ、ここでも序論と〔教義学的〕著作そのものとの区別が十分厳密に捉えられていないと考える十分な理由が、わたしにあるのではないでしょうか。しかしこうした人々や他の人々――というのは、わたしはこうした事例の列挙をまだ終わらないからですが――は、もしわたしに何らかの責任がなければ、このような批判をしたでしょうか。それゆえ、わたしはこの責任がどこにあるかを非常に真剣に探っています。わたしはまだ多くを見出してはいませんが、しかしそれは重要な改訂を施すきっかけとなるには十分なものでした。

序論が教養学についての完全な説明を直ちに始めたことは、おそらく不利なことでした(74)。なぜなら、教養学についての完全な説明が与えられてしまったあとは、ひとは教養学が始まると容易に考えることができ、この説明に続く部分が本来的には教養学に先立つものであり、教養学としてはこうした討議がなければ、死せる文字にすぎないものとなり、まったく漠然とした内実になるということを、考慮に入れないかもしれないからです。もしわたしがこの本そのものと同じように、序論も複数の章節に区分しておれば、そのような誤解はあとからでも防ぐことができたでしょう。そうしておけば、章節の見出しは読者が熱心に方向づけをし、自分がどこにいるかをつねに正確に知ろうとする努力をするときに、役に立ったことでしょう。ところが、現状では三五の命題が、何らの目に見える内的構造もなく、一体のものとして続いていますので、幾人ものいつもは実直な読者をもちろん容易に混乱させることができたのです。

そういう次第で、わたしの計画はこうです。わたしは教養学そのものに先立って、そこに登場するいろいろな表現についての詳細な規定に属するすべてのものを論じようと意図し、その際により細かい章節に見出しをつけることで、教養学の概念の連続性に先行しなければならない当の諸命題が、本来的にどこにその本拠地をもつのかを、示すつもりです(75)。そうすると、この著作の図式主義を準備して規定すべきすべてのことは、おのずから教養学により接近しますし、序論はもっと自己自身のうちで完結した全体となるでしょう。これがわたし自身にとってより気に入ったものになるかどうかは、まだわたしにはわかりません。もし気に入ったものになるとすれば、それはとりわけつぎのような理由によってであります。すなわち、上記の課題は本来的には序論に属しているとはいえ、神学というこの特殊な学問分野と、それが自らの学問的形式ゆえにとくに依拠しなければならない、普遍的な学問との連関が、直接的に立ち現れてくるからです。現状がどうであるかは、読者自身が見出さなければなりません。わたしはもちろん、拙著『神学通論』がこれについて十分示唆を与えてくれることを願っていましたが、(76) しかし読者自身は本書そのものの外にあるものを、必要以上に指示され続けました。それゆえ、わたしの計画は本質的にこの一つの変更に限定されています。

教義学と哲学の言語

加えて、わたしはまず拙著の言語について考察しました。しかしわたしが（ここで多くを語るつもりはありませんが）、力の及ぶかぎり、また冗漫に近づかずに可能な範囲で、自分の文体の難渋さを取り除くことに励むとき、また自分自身の定式について講義するなかで、ドイツ語以外の表現や、哲学的学派をあまりにもはっきりと想起させる表現を、より厳格にドイツ語の自由な表現に置き替えようと努めるとき、これがわたしがここでできるほとんどすべてのことでしょう。教会的教説の従来の発展に対して拙著がとっている特有の立場は、それ以上の改変が望ましいとは認めないでしょう。実際、ひとはこの点でドイツの教義学に大きすぎる要求をすることは許されません。教義学的な言語は、説教や教理問答のような庶民的伝達に移行するようには決して定められていないのです。たしかに、この移行を容易くやりすぎると不利益なことになるでしょう。いろいろな表象をそのもとで受け取ってきた表現を、別のものに変更する必要性は、徹底的に考え抜いて自分のものにすること（ein aneignendes Durchdenken）を請け合いますが、われわれはこれを聖職者の卵に徹底的に要求しなければなりません。しかしわたしは、ある有力な人がこの点に関して述べている警告の言葉について、あなたに二、三の言葉を語らずにはいられません。

フリース教授(77)は、新しい『神学哲学時報』のなかの論文において、わたしが宗教と哲学との間に引く障壁を承認してくれてはいますが、しかしそれにもかかわらず、宗教論においてはあらゆる考察は、その本質に従えば、哲学的であると主張します(78)。その場合、哲学を差し控えようとする人は、自らを言語で伝達する受身的な似非哲学に帰属するしかないが、これはヴォルフとフィヒテの間で哲学的用語を合成して出来上がったものだ、というのです。おそらくお考えのように、わたしは基本命題については何も言う必要はありませんが、宗教論ということで、何某かの規定された宗教共同体の教説が理解されるべきだとなるや否や、わたしはそれを絶対的に否認いたします。しかし思弁神学が問題であるとすれば、わたしはそれを無条件で承認します。しかしその場合、宗教論（Religionslehre）という表現に対してだけは抗議します。

ここで、信仰論であろうとする宗教論において、哲学的に思考しない人について預言されることが、とりわけわたしに完璧に関係します。主要な問題は、フリース氏がわれわれの学問分野〔神学〕に固有の言語領域を認めようとせず、教義学者は哲学的学派の言語で語るか、あるいは庶民的言語で語るかのいずれかだという、ジレンマを提起することであると思われます。しかしわたしには問題がそういう状態だとは思えません。(79) キリスト教は最初から、〔哲学的言語と庶民的言語の〕両方の言語において、言語形成的な原理として実証されており、われわれはキリスト教的敬虔のこの固有の言語領域において、種々の濃淡を区別することができます。そのなかでは、教義学的言語が最も鋭く厳格なものとして頂点に位置しています。けれどもこの言語領域というものは、大抵はすでに存在しているいろいろな表現を解釈し直して形成されたとすれば、もちろんより狭いサークルが使用するために、哲学的な言語要素が受容されることもできました。しかし哲学的な言語要素は、やがてその古い幹から解き放たれ、新しい大地に根ざし、その結果、厳格な学派的な意義はともに移行しませんでした。その代わりに、祭司的・法律的言語は実用的目的のために利用され、哲学的・法律的表現が人間の神に対する関係に、つねに非本来的な仕方でのみ適用されることができました。同じように、あらゆる祭司的なものは古い意味では受け入れられることができませんでした。かくして成立したのが、一方では比喩的な特徴、他方では弁証法的な特徴という、硬貨のように二重の特徴をもつ言語でした。しかしひとはその価値を規定するためには、両方の側のそれぞれの部分をよく見なければなりません。そしてこの普遍的な性格に哲学的表現も同化しなければならなかったのです。しかし各々の新しい哲学的体系は、当然のことながら、つねに同じ仕方で言語形成的であり、そしてそれが学派の限界を超えていく関心を呼び覚ますとき、かくして同じ仕方で、一方はより厳格に学問的であり、他方はより庶民的である、種々の濃淡をもった哲学的言語が形成されるのです。そして哲学的関心が学派の外でさまざまな体系によって同化されることによって、学派そのものと同じ仕方で論争に関与することなく、フリースが描き出すような言語領域が次第に成立するのです。

　これまで述べたことにより、それ自体として考察したときに、そこから表象における混乱も無意識的な哲学的思考も生じない仕方で、哲学的体系から教義学的用法に対して意味を汲み出すことが無難であると、わたしはまた考える次第です。但し、わたしは教義学的関心が哲学的体系のあらゆる要素に対して親和性をもっているとは思いません。カント哲学とフィヒテ哲学は、事柄の本質上、大きな収穫をもたらすことはできないでしょう。根本悪ですら原罪を駆逐できずにいます。(80) キリスト教倫理の用語においてもまた、彼らの哲学からは多くのものが残ってはいません。むしろライプニッツ＝ヴォルフ哲学と、彼らの後を継ぐいわゆる折衷的哲学ないし大衆哲学は、彼らの代わりに自己を主張してきました。しかしその理由は、こうした哲学自体が非常に強烈に教義学的に思考するからにほかならず、しかもわたしがこの言葉を受け入れているのと同じ意味において、そうなのです。しかしひとは批判哲学との対照において教義学的哲学について語ったので、この事実を念頭に置かなかったのです。つまり、一方でヴォルフ哲学的な言語は、スコラ学的言語と間違えようのない連関のうちに立っていますが、スコラ学的言語は形而上学と教義学の無頓着の結合以外の何物でもありませんでした。したがって、われわれはヴォルフ哲学的な言語を借用するとき、われわれ自身の財産の返還要求をしているにすぎないのです。

他方で、カント直前のドイツ哲学に大きな影響を及ぼした英国哲学の頭目たちは、なかんずく所与としての感情から出発しました。それゆえ、彼らの哲学がわれわれのより厳格な言語の慣用によってもその名前に値するのかどうか、ひとはもちろん疑うことができます。しかしそれだけますます明確に、彼らのやり方とわれわれのやり方との間の類似性が視界に飛び込んできます。われわれが彼らの影響によって形成した言語領域を、最も容易に同化できるのも、こうした理由によっています。それゆえ、たとえまったくさまざまな、一部は同時的な、一部は相互継起的な、この学派的言語の諸要素の混合は、それ自体としては混乱したものとして現れ、そして哲学にとっては使用不可能であるとしても、それゆえにまた、それぞれの新しい学派が正当にも自分たち自身の新しい言語を形成するとしても、われわれは哲学をやるのではありませんので、それはわれわれにとっても同じように使用不可能なのではありません。それどころか、われわれがそこからわれわれの教義学的言語に翻訳するものは、われわれの領域で正しく処理すれば、完全に明瞭になることができるでしょう。それゆえ、われわれは学派のために加工された信仰論において、聖書的言語にのみ立ち返るのではないとすれば、そして言語に精通した人はそれを得策だと考えないとすれば、われわれはこれまで歩んできた道を安心して前進すればよいのです。そしてわれわれがあらゆる瞬間に、われわれのやり方と哲学的なやり方との相違を明確に自覚すればするほど、われわれはそれだけますますそれをたしかなものと感じるのです。わたしが絶えず努力していることは、この相違を自覚し続けることです。あるいはむしろ、この意識がつねにわたしのうちで生きかつ働いています。それゆえ、何か危険なものがここでわたしに忍び寄るかもしれないとは、わたしは思いません。

特殊教理の取り扱い

さて、内容の個々の点に関しては、本書の第一版が刊行されてこのかた、この関係においては非常に実り少なかったということは、悔やんでも悔やみきれません。わたしが雑誌や博士論文のかたちで刊行されたものの幾つかを、見逃していることはおそらくあり得ますが、けれども何某かの重要性をもつものは、あれこれの友人が気づかせてくれたと思っています。それゆえ、わたしはあなたにつぎのことを訴えなければなりません。すなわち、わたしに対してさんざん言われた批判のなかには、重要でないと言えないものもあったものの、膨大な批判の全体としては、個々のキリスト教特有の教理についてのわたしのやり方に関して、教示してくれるものや、あるいはまた咎め立てるだけのものも、期待していたほど多くは与えられていませんでした。シュトイデル博士はとても親切で、わたしに深く関わってくれていますが、彼ですら今日まで――わたしは次号の雑誌をまだ読んでいませんが(81)――いろいろな予備的概念にのみとどまり続けています。それは彼が、最重要なことはつねに超自然主義的な見解（つまりは彼の見解）を擁護することだ、と信じているからです。その結果、わたしの叙述に多少は賛同できる部分があると公表したために、あの尊敬すべきショットですら十分には評価されないのです。[82]

シュトイデル氏がこの議論の口火を切った決定的な問いと、彼が奇跡に関する探究をそこへと引き戻した易しい問いとを覚えていらっしゃいますか。[83] 二つの問いはこの論争がいかに下らないものであるかを、わたしに新たに確信させた次第です。教義学が、自然的なものと超自然的なものを確実に相互に区別するための、定式を確立すべきであるとすれば、教義学は形而上学的かつ思弁的にならなければなりません。これはわたしにとって、聖職者の権力が世俗の領域に介入するのとまさに同じことです。キリスト教の根本的事実が自然的に起こったにせよ、超自然的におこったにせよ、もしこの事実によって導かれるべき信仰が、真理であるとの思いなし（ein Fürwahrhalten）にすぎず、そしてそれが含んでいるはずの啓示が、繰り返し教示にすぎないとすれば、畢竟、何が重要だというのでしょうか。

しかしわたしがキリストを超自然的な存在として叙述していることを、シュトイデル氏は本当に疑っていらっしゃるのでしょうか。わたしが実際のキリストを意図していることを、もし彼が最初に確信しておられたのだとすれば、そのような疑念が生じることはほとんど信じられません。しかし彼がバウア教授と同様、わたしが実際のキリストを意図していることを信じないとしても、彼がわたしのキリスト論を取り扱ってくれることを、わたしとしては期待していました。なぜなら、わたしのキリストに現実性が欠けているという事実が、わたしのキリスト論にいかなる仕方でも全然反映されていないとすれば、これは奇妙なことでしょうから。そこには何らかの仮現論的要素が入り込んでいなければならなかったでしょう。しかしこれを追求する代わりに、シュトイデル博士は、イエスの人格が決して民族的に規定されていなかったと考えるとき、ご自身が仮現論に陥ってしまうように思えるのです。[84]その場合、ユダヤの血を引きユダヤの体質をもつ実際のマリアは、単なる通過体であったことにならざるを得ません。

順応（Akkommodation）[85]の概念をはねつけるわたしのやり方についての皮肉な言辞は、わたしのキリスト論に対する真面目な非難にはおよそほど遠いものです。むしろわたしは、キリスト論のような教理において、その決定が表象の明確な規定に寄与するような、そうした問いを提起していることを、拙著の貢献の一つに数えています。もちろん、真っ先に問題となるのは、目下英国で議論となっている解放の件[86]のように、その問題が政治的なものであるか、それとも宗教的なものであるかということです。ここには、天使と悪魔についての表象は、本当に宗教的なものであるのか、それとも宇宙論的なものにすぎないのか、という問いもあります。さらに、宗教的でない事柄についてのイエスの諸表象が、宗教的な事柄についてと同様、彼のうちにいます神の存在によって影響されているかどうか、という問いが起こります。[87] 論争的な問いに関しては、しばしばプラトン主義的なソクラテスが「通俗的なもの」（φορτικόν）と呼ぶものほど役に立つものはありません。それゆえ、もしわれわれがこうした諸表象の特質についてで一致できないのであれば、わたしはこう問うてみたいのです。イエスは地球と太陽の関係について、つまりこれは単に宇宙論的なものですが、これについてコペルニクス的な表象をもっていたと考えるべきか、あるいは通俗的な表象をもっていたと考えるべきかと。これにどう答えようと、ひとはわたしがそこで立てた区別、つまりより厳密な意味での確信とより広い意味での確信との区別、に立ち返らざるを得ないと思います。このようにしてその実在性が確認されているのです。

しかしわたしはどこへさ迷い出るのでしょうか。わたしはこう申し上げたいと思います。先に名前を挙げた二人のテュービンゲンの神学者は、間違った前提から生じてこざるを得ないさまざまな間違いを、わたしのキリスト論のなかに探し求める、あらゆる理由を挙げました。同様に、〔序論における〕わたしの原理にのみ依拠した学識ある批判者たちの各々にとっては、たしかに〔教義学本体における〕本来的教理のなかにも、原理における誤りないし非キリスト教的要素がもたらす帰結がとくに示されなければならないような、そのような問題点が存在しました。わたしが宗教からその尊厳性を奪うとすれば[88]、あるいはわたしがほとんどキュレネ派のような人間であるとすれば、このことは聖霊の教理や聖化の教理のなかに示されなければならないでしょう。しかし遺憾ながら、皆様方はわたしにそこまで同伴する労苦を払うには値しないとお考えです。輝かしい、おそらくほとんど目もくらむような仕方で、自分の経歴を開始された一人の若い神学者が大胆にも主張していること[89]、つまり、わたしが教会的表現にしばしば新しい観念を付与しているということが、たとえ真実であったとしても、もちろんわたしはそれを要求することはできないでしょう。しかし教会的見解から実際に逸脱するところでは、わたしは通用している表現を批判してもいると思います。つぎに、いかなる意味でわたしがその表現をやむを得ずなお妥当ならしめるかについて述べるとき、おそらく注意深い読者が間違った道に導かれることはありませんし、また例の勘ぐりがつねに赴くところの、正統主義の見せかけを巧みにしようという意図もありません。

個々の教理に関するいろいろな示唆は、『ヘルマス』誌の詳細な書評に見出されます[90]。ある友人はすでに数年前に、わたしの『信仰論』を終末論の側から触れることを約束してくれました。それはたしかに才気に富み啓発的なものになったでしょうが、しかし彼は約束の言葉を守っていません。われらがニッチュは若干の懸念をわたしに予感させてくれています。トヴェステン(91)がその仕事を続ければ、もっと多くのことが期待できますが、まだ仕事が仕上がっていません。そういうわけで、わたしはほとんど完全に自分自身に委ねられており、もちろんまた、拙著を他のものと比較することに委ねられている状態です。けれどもわたしは、いまあなたと一緒に最新の教義学の文献をさらに渉猟し、最新の教義学的著作からどれくらい多く、あるいはどれくらい少なく、自分にとって得るものがあったのかについて、意見を述べようとする誘惑に屈するつもりはありません。

宗教と哲学の関係

さらにあれやこれやの友人が、第二版に対してわたしに望んでいる種々のことについて、さらに二、三の言葉を言わせてください。ある人々はわたしに強くそうせがんでいますが、この問題に関する分裂はとても大きいので、わたしは遠回しの示唆によってのみならず、率直かつ明瞭に、つぎの問いに関する自分の意見を述べたいと思います。それはわたしが、第一の人の言い方ですと、宗教と哲学の関係、第二の人ですと、教義学と哲学の関係、第三の人ですと、わたしの出発点である高次の自己意識と、わたしが承認するように見える本源的な神思想との関係ということになりますが、こうした関係について本来わたしがどう捉えているかということとです。しかしそのような討議は教義学に、つまりわたしの教義学に、含まれるべきでしょうか。教義学はたしかに形式に従っても、内容に従っても、そこにおいて展開されるべき神思想は本源的ではなく、あの高次の自己意識のなかで反省されて成立したものである、という前提によって全面的に規定されています。本源的な神思想（der ursprüngliche Gottesgedanke）は、教義学においては問題的な仕方でしか語り得ませんが、わたしはこの本源的な神思想を、もしわたしが自分の領域を踏み越えようとしないのであれば、いずれにせよ思弁の領域へ行くよう促すであろうということ、このことをわたしは十分明確に述べてきたと思います。[92] もしそうでなければ、誰でも『宗教論』の第一講から十分に推測できます。[93] あの本源的な思想とこの本源的な自己意識との間の連関は、わたしにとっては、同じ段階にあり同じ関係をもっている種々の精神的諸機能のある異なった産物間のそれにほかならないか、あるいはまたそれと同じものです。それゆえ、わたしが宗教と哲学を並列的に置いていることは、誰しも疑うことができないと思います。わたしは実際そう信じますし、またつねに信じることを希望しますが――そしてわたしの後もなおずっと、そしておそらくいまよりもさらにもっと信じられるでしょうが――、宗教と哲学は同一の人間主体のうちで非常にうまく共存できるのです。哲学は必ずしも、あたかもすべての敬虔は未熟な哲学にすぎず、そしてすべての哲学はようやく意識へと到達した敬虔であるかのように、キリスト――おわかりのように、わたしはここでふたたび実際の、歴史的キリストのことを意味しています――を超えて自己を高めるところまで導くものではなく、真の哲学者はまた真の信仰者であり、またあり続けることができるのです。同様に、ひとはこころから敬虔であることができますが、しかし思弁の最深の深みまで掘り下げる勇気をもち、またそれを待ち続けることもできます。

しかし、一方は他方なしで存在することもできることを、もちろんわたしは知っています。それゆえ、ある人においては、わずかの哲学も入り込むことなく、敬虔がそれなりの仕方で完全な意識にまで、それも最も厳格な形式において、到達します。これがまさに教義学的な敬虔です。ある人は敬虔を大地の上に見出すことなく、思弁の杯を完全に空にしてしまいます。しかしまったく同じことはまた、敬虔と多くの他の精神的活動との間にも起こりますので、まさにこの関係を取り扱いながら、他のものは取り扱わないということに、どうしてわたしが至るべきでしょうか。

さて、教義学と哲学の関係に関してですが、わたしはできるかぎりそれについて語りません。それはわたしのある偏愛ゆえであると、あなたに告白します。哲学はとても長い間、スコラ主義の時代に哲学が、一つには教会的信仰に奉仕し、一つにはそれの圧力下にあったことを嘆いてきました。それはともあれ、少なくともそれ以降、哲学は自由になりました。それは自らの本源的源泉へと立ち返った信仰が、教会的教理の教義学的形式に対してすら哲学の奉仕を必要とせず、そして自らの真の関心をより良く理解する教会が、いかなる圧力も行使しようとしなかったからです。もし哲学がそれ以来、教会的教理に対して敵対的な態度に出るために、しばしばこの自由を用いたとすれば、自分自身のことに気を配るのは、当然教会的教理の権利です。教会的教理は、自らの側で哲学に対して攻撃を加えもせず、哲学の好意を切に求めることもせず、それをなすことができるべきなのです。

わたしは幾人かの人が、わたしがいかなる哲学について語っているのだろう、と言っているのをよく知っています。明らかに、まったく存在しない哲学についてです。しかしわれわれは他の領域に対していかなる警察権も行使しませんので、われわれは神学者としてそのような喧嘩を調停する必要はありません。ある人々は哲学者ぶりますし、世間は彼らをそのように見なします。われわれもまたそうします。それ以降、教会の教えが失敗することなしに信仰の内容に従って叙述されれば、真の哲学は教会の教えと闘争状態になることはない、ということが確実であるのなら、それはますます好ましいことです。しかしわれわれ神学者は、いかなる仕方でもそれを保証しようと欲することはできません。

それゆえ、哲学はあるときはわれわれに味方をし、あるときはわれわれに反対するとすれば、両者が互いから自由になって以来、われわれは哲学と確固たる関係をもっていないのです。そしてこれがわたしにとって言い表わし、行為で確認した方が良いと思われる唯一のことです。もしひとがそれ以上のことを要求するとなると、それはあたかもわれわれが哲学に対して、現状はそれ以外ではなくそうしたものだと言い訳をし、あたかもわれわれが哲学に対する義務を果たさねばならないかのように見えないでしょうか。実際、哲学が最大の好意でもって、われわれを手助けして——手助けすることが哲学のできる唯一のことなのですが——完全な自己了解へともたらすことへ、われわれを誘うときですら、わたしはこのことをあらゆる学問領域で認めるものです。しかしわれわれが自らの用語で自分たちを理解できないとき、哲学が通常の意味で論理学と文法学であろうとするかぎり、哲学が与えることのできないある責任が生じざるを得ません。それゆえ、わたしに自らの信条である「わたしはダナイ人を恐れる、たとえ贈り物を携えてきても」(timeo Danaos et dona ferentes)[94] につねにとどまらせ、つぎのことを喜ばせてください。すなわち、わたしはこの意図に、つまり自分自身の哲学的ディレッタンティズムに忠実であり続け、そしてもしわたしがこの領域でそれ以上のことを証明しなければならないとき、わたしの公理は同一であり続け、信仰論の内容に対していかなる影響も許さないということです。わたしがこの意図にいかに成功しているかは、もちろん別問題です。しかしその兆候はまあまあです。しかしある人は、わたしがヤコービに依拠していると強固に主張し、別の人は、わたしがシェリングに依拠していると言うとすれば、そして二つとも奇妙な挿入と許されない前提によってのみ証明されるとすれば、さらにボンのある友人のような知識経験の豊かな人が、わたしの哲学のやり方に関して、わたしが感情ではなく思想を基礎にしており、それ以外の点では事態は信仰論とかなり同じである、という予感にしか至らなかったとしたら、(95)総合的に考えて、ここから明らかになると思われることは、哲学および哲学上の学説について、信仰論においてあまり多くのことにはお目にかかれないに違いないということです。そしてこれに関して何かを変えようというつもりは、わたしにはさらさらありません。むしろ、その内容によれば何らか思弁的であるような命題が見つかるとすれば、あるいは若干の正当性をもってそのように見なされるものがあるとすれば、わたしはこの晴れ着らしからぬ衣装をはぎ取り、あるいは削除することでしょう。

このことは、わたしが思弁神学に対して決闘を挑むことを意味するものではありません。むしろわたしは喜んで思弁神学にその道を歩ませ、教会がそれをどの程度用いるかは、なりゆきに委ねます。そして支配的な学派がかつてのスコラ学的時代以上に、思弁哲学を正当化することに成功するのか、それとも別の道に立ち返ることに成功するのかは、いまのところわかりません。しかしわたしとしては、こうしたやり方からはできるだけ身を引いておくつもりです。

合理主義と超自然主義の抗争

他の人々は別の、これまた難しい点を注視して、わたしがキリスト教啓示における超自然的要素と神的救済秩序の自然化について述べたことから、多くのことを受け取れると考えています(96)。しかし超自然主義者と合理主義者の間の論争におけるわたしの立場について決定を下すには、多くの人々にとってたしかに資料が不十分です。しかしあらゆる更なる誤解を避けるために、わたしはこれについてより満足のいく資料を提供したいと思います。こうした友人たちは、わたしがこれについてこれまで記してきたことでは、満足するのが難しいのでしょう。しかしわたしは彼らの希望に沿う術を知りません。なぜなら、問題全体が誤解されたものである以上、わたしは誤解が避け難いと確信しているからです。もちろんわたしはその最初の部分しか知りませんが、この問題について確信するためには、二つの党派の間での接近の試みに関するシュトイデルの論文を読むとよいだろうと思います。すでにその名称からしてきわめて不幸なものです。なぜなら、一方は出来事の性質に言及し、他方は教説の認識の源泉に言及しているからです。ひとはなぜ、ある出来事の超自然性について完全に確信しつつ、しかし自分が理解しておらず、自分の理性で再構成することができないような教えを受け入れることを、誰にも要求することはできないと、主張してはいけないのでしょうか。そして別の人が、たとえ自分の理性の教説との普遍的連関のうちに受け入れることができないとしても、もしそれがある特定のものを考える手がかりになるとすれば、自分はせめてもの慰めとしてその教説を受け入れる傾向が強い、と言うことがあってはならないのでしょうか。しかし他の表象がつねに可能であり続ける以上、経験との普遍的連関のうちに受け入れることのできないような事実を、まさにそういうふうに表象するということは、彼にはできないことなのです。ここでは、名称ではなく事柄が問題なのだと言ったとしても、何の助けにもなりません。なぜなら、ひとが事柄を、つまりわれわれの教会におけるこの大きな分裂の本来的本質を――というのは、そのような本質が存在することを、わたしは決して否定するつもりはないからです――、ようやく正しく把握したとすれば、適切な名称もまた見つかっているでしょうから。しかしすべてのことは名称で見積もられ、そして一方の人に反対して持ち出されたものが、その後ふたたび同じ人によって、あらかじめ定められるようになります。このことはそれ自体として、類似の事柄においても十分可能です。なぜなら、反対は皆無ではなかったからです。しかしその場合、たしかに混乱は避けることができません。それなのになぜ、ひとは必要でもないのに混乱のなかに入り込むのでしょうか。あなたは何とおっしゃるでしょうか。

もしごく最近、固有の種類の合理主義が、とくにわたしのために発明されたとすれば、それはわたしにはあまりにも名誉なことですので、わたしとしてはそれを信じたくはありませんが、それは「理念的合理主義」（der ideelle Rationalismus）と呼ばれ、その本質は自然的なものが同時に超自然的であり得ることを認めることにあります。[97] わたしはこれについてとても感謝するとともに、さらに優れた助言についても知っています。すなわち、超自然的なものがわたしの頭に思い浮かぶところでは、それはつねに第一のものですが、しかしのちに第二のものとして自然的なものになります。[98] かくして創造は超自然的ですが、しかしそれはのちに自然の連関となります。同様に、キリストはその起源に従えば超自然的ですが、純粋に人間的な人格としては自然的になります。そして聖霊とキリスト教会の場合も同様です。

それゆえ、ひとはわたしのためにはむしろ、同時に自然的であることができる超自然的なものを提示しなければなりません。もし以前の立場が合理主義であったとすれば、この立場は超自然主義でなければならないでしょう。しかしなぜひとはそれを「現実的」（reell）と名づけてはならないのでしょうか。それゆえ、わたしは自分を「現実的超自然主義者」（reeller

Supranaturalist）と言うつもりですし、この形式は他のいかなるものと同じくらい好ましいものだと思っています。しかしそれによって何が獲得されているのか、わたしにはわかりません。そしてまた、ひとは単に極めつけの極端に立たないだけのすべての人を、たとえ彼が十分の一秒だけ高くあるいは低く調律したとしても、欲するままに、合理主義者や超自然主義者に仕立てることはできないでしょうが、そのことをバウア教授ほど厳密に受け取らないとしても、何がそれを妨げるのか、わたしにはわかりません。

親愛なる友よ、もう筆を擱くときです。「中断する」と言うつもりはありません。したがって、たとえわたしがさらに幾つかのことを披露しなければならなかったとしても、あなたはこのような移り気な書簡に対して心備えする必要はありません。しかしここで長引き、あそこで長引きしてきましたが、いまやわたしが教義学そのものに真剣に取り組むべきぎりぎりの時となりました。そういうわけで、ご健勝でお暮しください。また楽しくお教えください。新学期が間近に迫っていますが、これはわたしの五〇回目の学期です(99)。おそらく一人か二人、あなたの実直な教え子がわたしのもとに来るでしょう。わたしも一人あなたのもとに送ります。親愛なる挨拶と、わたしがいつまでも変わらぬあなたのものであるとの確言をもって。

解題　シュライアマハーと『キリスト教信仰』

1　『リュッケ宛の二通の書簡』の意義

書簡執筆の動機と主目

『信仰論に関するシュライアマハーのリュッケ宛の書簡』*Schleiermachers Sendschreiben über seine Glaubenslehre an Lücke* は、自らの教義学に対するシュライアマハー自身の弁明書を表わしている。われわれが本訳書の表題を「『キリスト教信仰』の弁証」としたのは、このことを明確に示すためでもある。

神学者としてのシュライアマハーの主著である『福音主義教会の原則に基づいて組織的に叙述されたキリスト教信仰』(1) 第一版は、一八二一―二二年に刊行され大きな反響を呼び、数年で(2)売り切れてしまった。ベルリンの出版社G・ライマーは早くも一八二五年八月に、著者に新しい版を準備するように促したが、他の仕事に忙殺されていたシュライアマハーは、一八二八年まで改訂作業に取りかかることはできなかった。そのときまでに各方面からさまざまな批判が寄せられていたので、彼はこれらにどう答えるべきか、またそうした批判を踏まえていかなる改訂を施すべきか、数年間思案に明け暮れていた。しかし新しい版で各種の批判に答えるのは煩瑣な仕事になるので、最終的に彼は、友人のリュッケ宛に二通の公開書簡を書いて、そこで各種の批判に答えることにし、それを一八二九年、リュッケが主催する神学雑誌『神学研究批評』*Theologische Studien und Kritiken* に寄稿した。[3] そしてそこに示された改定案に基づいて、シュライアマハーがすっかり装いも新たにした『キリスト教信仰』第二版を世に送り出したのは、その翌年と翌々年（一八三〇―三一年）のことである。[4] それゆえ、リュッケ宛のこの書簡は、シュライアマハーの『キリスト教信仰』（以下『信仰論』と表記）を――第一版と第二版の間の異同も含めて――、著者の意図に従って正しく理解する上で、決定的に重要な資料的価値をもっているのである。

　この書簡はのちにシュライアマハーの『全集』に収録されたが、[5] 前世紀の初めに当時キール大学の私講師であったヘルマン・ムーラート（Hermann Mulert, 1879-1950）が、これに新たに注を施して単行本として刊行した。[6] 現在では『批判的全集』KGA I. Abt. Bd. 10 のなかに、より詳細で正確な注を施して収録されている(7)。

シュライアマハーとリュッケの関係

ところで、シュライアマハーが上記のような目的をもった書簡の受取人として選んだリュッケとは、いかなる人物なのであろうか。またシュライアマハーとはどういう関係にあったのだろうか。

ゴットフリート・クリスティアン・フリードリヒ・リュッケ（Gottfried Christian Friedrich Lücke, 1791-1855）は、当時ゲッティンゲン大学神学部の新約学教授を務めていたが、ハレ、ゲッティンゲン、ベルリンで神学徒弟時代を過ごし、一八一六年から一八一八年まではベルリン大学講師として、シュライアマハー、デ・ヴェッテ、ヨーハン・アウグスト・ヴィルヘルム・ネアンダー（Johann August Wilhelm Neander, 1789-1850）と近しい人間関係を培った。彼はシュライアマハーおよびデ・ヴェッテとともに『神学時報』*Theologische Zeitschrift* を編集し、デ・ヴェッテとは共著『福音書対観』*Synopsis Evangeliorum*（Bonn: Bernoli, 1818）を著している。

リュッケは、一般的に、「調停神学」（die Vermittelungstheologie）の代表者と見なされているが、それは彼がこの名称で呼ばれる神学者グループにとって、一種の機関誌のような役割を果たした雑誌『神学研究批評』*Theologische Studien und Kritiken* の第一号に、近代的学問意識とキリスト教の理念の「真の調停」をはかるためのプログラムを提示したからである。調停神学に属するのは、その雑誌の創始者であったウルマン（Karl Ullmann, 1799-1865）とウムブライト（Friedrich Wilhelm Karl Umbreit, 1795-1860）のほかに、リュッケ、トヴェステン（August Detlev Christian Twesten, 1789-1876）、ニッチュ（Karl Immanuel Nitzsch, 1787-1868）、シュヴァイツァー（Alexander Schweizer, 1808-88）といった、シュライアマハーの神学の影響を受けている者たち、さらにドルナー（Isaak August Dorner, 1809-84）やローテ（Richard Rothe, 1799-1867）などであり、もとよりこの概念の外延は不明確で曖昧である。(8)

彼はギーゼラー（Johann Karl Ludwig Gieseler, 1792-1854）、ウルマン、ウムブライトとともに『神学研究批評』を創刊し、その第二号にシュライアマハーの信仰論に関する弁明の文章を、二回に分けて自分宛ての書簡という形式で掲載した。ちょうどその少し前に、彼は聖書と信仰基準の関係をめぐってデルブリュック（Ferdinand Delbrück, 1772-1848）との論争に巻き込まれ、ニッチュとザック（Karl Heinrich Sack, 1789-1875）と共著で、これに対する反駁書を著したが、そこには当該の問題に関するシュライアマハーの見解も書簡の形で添付されていた。(9)

この事実からも窺われるように、リュッケはシュライアマハーの弟子であるとともに友人であり、読者はこの二通の書簡を読む際に、この二人の——人間的ならびに神学的に——近しい関係を念頭に置く必要がある。

リュッケの著作としては、『エウセビオスの新約聖書正典論について』、『新約聖書解釈学の綱要とその歴史』、『福音書記者ヨハネの書物について』四巻などがあり、[10] また『ゲッティンゲン学術批評』*Göttingische Gelehrte Anzeigen* には数多くの評論記事を寄稿している。シュライアマハーについては、『神学研究批評』誌に彼ならではの追悼記事も寄せている。[11]

評者たちの『信仰論』批判の要点

ともあれ、かくして成立したこの二通の書簡には、シュライアマハーの『信仰論』第一版をめぐって、当時の名だたる神学者たちが寄せた各種の論評に対して、著者自身の立場からその誤解を糺したり、あるいは鋭く反論したり、なかなか興味深い議論が展開されているが、惜しむらくはそこで言及される大半の神学者や哲学者の名前は、現代の読者にはもはやほとんど知られていない。デルブリュック、チルナー（Heinrich Gottlieb Tzschirner, 1778-1828）、ルスト（Isaaco Rust, 1796-1862）、ブレトシュナイダー（Karl Gottlieb Bretschneider, 1776-1848）、バウア（Ferdinand Christian Baur, 1792-1860）、シュトイデル（Johann Christian Friedrich Steudel, 1799-1837）、シュミット（Heinrich Johann Theodor Schmid, 1799-1836）、ブラニス（Christlieb Julius Braniss, 1792-1873）、クライバー（Christoph Benjamin Klaiber, 1795-1836）、ベーメ（Christian Friedrich Böhme, 1766-1844）、シュルツ（David Schulz, 1779-1854）、レール（Johann Friedrich Röhr, 1777-1848）などが、批判者としてそこに登場する人物であるが、おそらく読者はそのうちの一人もご存知ないであろう。こういう筆者も実は本書を通してはじめて知るに至った、現代のわれわれにとってはマイナーな人物ばかりなので、それぞれがいかなる立場に立っているか皆目見当がつかない。

シュライアマハーの時代とそれ以後のドイツ神学の見取り図としては、右派の信条主義的神学（die konfessionelle Theologie）ないし復古神学（die restaurative Theologie）、中間派の調停神学、そしてヘーゲルの影響を受けた左派の自由神学（die freie Theologie）というのが、最も一般的な分類の仕方であろう。(12) その区分でいえば、バウアは左派の自由神学に属するであろうし、合理的超越主義者と見なされるブレトシュナイダーも左派的陣営に分類されるであろうが、その他の者で明確な信条主義に立った神学者はおらず、大半は濃淡の差こそあれ中間的な立場に立っている。したがって、シュライアマハーの『信仰論』に対する批判も、明確な神学的対立を反映しているというよりも、むしろ個々の教理やトピックの解釈に関する微妙なニュアンスの相違にすぎないと思えなくもない。とはいえ、シュライアマハーの立場からすれば、自説が曲解されていると感じられたり、明らかに誤解されていると思うところもあったりして、彼はそうした問題を順次取り上げて議論している。そこで大きな物議を醸しているのは、『信仰論』のキリスト教教義学としての基本的性格、そこに混入している哲学的思弁の要素とその役割、著者におけるスピノザ主義的汎神論との距離感、中心的概念として据えられた「敬虔」にまつわる問題性、さらにキリスト論に対する史的イエスの意義などといった問題であるが、現代のわれわれにとっては、そうした個別具体的な問題のやりとりの詳細はどうでもよいことである。それこそまさに重箱の隅をつつくような神学的議論に属す問題だからである。むしろ最も肝心な点は、一般化して言えば、以下の三点に絞られるであろう。すなわち、シュライアマハーの教義学概念の特質と妥当性、敬虔ないし直接的自己意識と絶対依存の感情、そしてキリスト教信仰と近代的学問性の関係の問題である。以下に、この三つの点について概観してみよう。

2　シュライアマハーの教義学概念

教義学の新しいモデルとしての信仰論

シュライアマハーの『信仰論』は新しい基調の教義学であり、それは従来の教義学のように、聖書や信条書の論題を詳述したり、教理的伝承を哲学的原理に訴えて刷新したりするのではなく、キリスト教の教会で共有されている宗教的自己意識に含まれる内実を教義学的命題へと仕立て、それを体系的に配列し論述することを任務とする。つまり、キリスト教信仰の集団的経験についての規律的・批判的な省察こそが、彼のめざす教義学の中心的課題となるのである。「教理神学とは、キリスト教の教会的共同体において、ある与えられた時代に妥当する教理の連関に関する学問である」（CG[1] §1; vgl. CG[2] §19）、と言われるゆえんである。シュライアマハーの体系は、それゆえ、伝統的意味での「教義学」（Dogmatik）というよりは、むしろ「信仰論」（Glaubenslehre）と呼ばれるのが適切なのである。

シュライアマハーは『キリスト教信仰』の執筆に先立って、神学に関する諸科解題的な書物として、『入門的講義の便宜のための、神学研究の短い叙述』*Kurze Darstellung des theologischen Studiums zum Behuf einleitender Vorlesungen*（以下『神学通論』と表記）を著したが、それによれば、神学は「ひとつの実証的な学（eine positive Wissenschaft）である」[13]。ここで実証的な学というのは、「ある実際的な課題の解決に必要な限りにおいてのみ、お互いに連関を保っているような学問的諸要素を総括する学」[14]のことをいう。神学はキリスト教会の整合的な指導に不可欠の「学的知識、および技巧の規則（die Kunstregeln）の総体」[15]のことであり、そこにおいて「最高度の宗教的関心と学問的精神とが、しかもできるかぎり平衡を保って、理論と実践のために一致している」[16]ことが望ましい。

シュライアマハーは神学を哲学的神学・歴史神学・実践神学の三部門に分類する。哲学的神学は、倫理学が取り扱う宗教の本質や宗教哲学が取り扱う諸宗教の段階や種類を前提とした上で、宗教的自己意識の特有の様式としてキリスト教の本質と、キリスト教会の具体的な形態を取り扱う。それは弁証学（Apologetik）と論争学（Polemik）とに分かれ、前者は外に向かって、キリスト教の固有の本質と真理性を論じ、後者は内に向かって、教会内の逸脱を自己吟味する。歴史神学は、原始キリスト教から現代に至るキリスト教会の全体を、歴史学的手段を用いて把捉しようと努める。それは大きく三つの部分に分かれ、原始キリスト教時代を取り扱う釈義神学、その後の時代を扱う教会史、そして現在の状態を扱う教理神学である。実践神学は、教会指導の概念のもとにもたらされる一切の課題を遂行する、正しい行為方式とそれについての諸規定を取り扱う(17)。

この図式において、伝統的な教義学はいまや歴史神学の一分枝に位置づけられ、現在の教会において承認されている教説を総括的に叙述するものとして規定される。このように規定された教義学は、教会的、叙述的、歴史的な性格をもつ。それはキリスト教の宗教的自己意識に根ざしていることによって教会的であり、具体的に教会に奉仕する学として営まれる。それはキリスト教の教説の内実を正確かつ整合的な仕方で提示すべきであるという点において叙述的である。それはその内実を教会が置かれている状況に相応しい形式において表現しなければならない点において歴史的である。教義学者ないし組織神学者はそれゆえ、(1) キリスト教会に特有な神意識、(2) その意識を表現する継承されてきた言説の蓄積、(3) 現在通用している思想の様式を相互に関係づけて、キリスト教の信仰命題を自己完結的で緊密に結合した全体へともたらさなければならない。

ところで、シュライアマハーによれば、「キリスト教の信仰命題とは、キリスト教の敬虔な心情状態の理解を言語で表現したもののことである」(CG^2 §15; vgl. CG^1 §2)。その際、言語的表現の形式としては、詩的 (dichterisch)、修辞的 (rednerisch)、叙述的・教訓的 (darstellend belehrend）の三つがある。[18]このうち詩的形式と修辞的形式は、なるほど文学的表現と言われるに値するものであるが、教義学的命題を言い表わすには適切ではない。叙述的・教訓的形式ないし教育的形式は、最も明確な概念的表現に達しているので、この形式のみが教義学的命題に相応しい。シュライアマハーが教義学的命題に学問性を見出すのは、まさにこの点である。しかし、単に概念的明確さだけが教義学的命題の学問性のために要求されるのではない。同時に、命題相互間の整然たる秩序も求められている。『信仰論』第二版の表現を用いれば、「言語の弁証法的性格と組織的配列」こそが、教義学に「本質的な学術的形態」を与えるのである（CG^2 §28; vgl. CG^1 §31）。

シュライアマハーの思い描く教義学においては、叙述的・教訓的形式の言語が最高の知的洗練さにおいて用いられる。その用法は概念的明確さ、体系的整合性、そして叙述の総括性によって特徴づけられる。そしてこれらの特質が教義学を説教や教理問答などの大衆的なコミュニケーションの形式から区別する。加えて、教義学の言語は教会的価値と学問的価値を結合する。教義学的命題はつねに宗教的自己意識に源泉を有していなければならず、またそれは学問的探究に相応しい理解可能性の基準に合致していなければならない。かくして、「教義学的諸命題は、教会的と学問的との二重の価値を有する。そしてそれらの命題の完全度はこの両価値および両価値の相互関係によって決定される」（CG² §17）のである。

シュライアマハーの見立てによれば、中世以来のスコラ学的遺産や一八世紀のヴォルフ哲学の伝統に依拠する従来の教会教義学は、啓蒙主義ののちの時代のキリスト教会を導く力をもつことができない。キリスト教の本質と現在の文化的状況の両方を考慮に入れながら、キリスト教の教説を全面的に見直すことによってのみ、キリスト教会は現在および将来の危機に向き合うことができるのである。それゆえ、シュライアマハーが意図する『信仰論』は、単に個々の教理の再公式化ではなく、教義学の再建をめざすもの、あるいは教義学の新しいモデルを探求するものといえる。

『信仰論』の構成

一八二一―二二年に刊行された『信仰論』第一版は、シュライアマハーが満を持して世に送り出した作品であるが、その斬新な構想と内容ゆえに多方面の識者から大きな批判を惹き起こした。評者が一番戸惑いまた彼らの批判が最も集中したのが、教義学的素材の選択とその編成の仕方であったが、これについて彼は、つぎのような斬新奇抜な発想を提示した。すなわち、教義学的命題はキリスト教的敬虔自己意識を言語で表現したものであるが、これは罪

付録　三位一体論

	第一部：罪と恩寵の対立に規定されていないキリスト教的敬虔自己意識	第二部：罪と恩寵の対立に規定されているキリスト教的敬虔自己意識の事実	
		罪の意識の展開	恩寵の意識の展開
人間の生の状態の叙述	創造 保持	原罪 現行罪	キリストの人格と業 再生 聖化
神の属性と行動様式の概念	永遠、遍在、全能、全知	聖性 義 (憐れみ)	愛 知恵
世界の状態についての言表	世界の原初的完全性 人間の原初的完全性	悪	教会の起源 教会と世界の並存 教会の完成

と恩寵の対立によって規定されていないものと、それによって規定されているものからなる。後者はさらに罪の意識の展開と恩寵の意識の展開とに分かれるので、教義学的命題は、大別すると、（1）対立によって規定されていないもの、（2）対立によって規定されているもの（罪の意識の展開）、（3）対立によって規定されているもの（恩寵の意識の展開）、の三種類となる（Vgl. CG^1 §33; CG^2 §29）。他方、教義的命題は（A）「人間の状態の叙述」（Beschreibungen menschlicher Zustände）、（B）「神の属性と行動様式の概念」（Begriffe von göttlichen Eigenschaften und Handlungsweisen）、（C）「世界の状態についての言表」（Aussagen von Beschaffenheiten der Welt）として捉えられる。なぜなら、キリスト教的敬虔自己意識の分析である以上、「人間の状態の叙述」が中心をなす

が、自己意識は同時に自己を規定する他者の意識とも結びついているので、神と世界についての命題も生み出す（Vgl. CG^1 §34; CG^2 §30）。そしてこの二種類の系列を縦の線と横の線として掛け合わせると、前頁のようなマトリックスが示され、それぞれの枡目にほぼ以下のようなトピックが配列される。(19)

かかる図式に従って、『信仰論』は第一版も第二版も、序論、信仰論第一部、信仰論第二部（一面　罪の意識の展開）、信仰論第二部（二面　恩寵の意識の展開）という構成になっている。しかしリュッケ宛の「第二の書簡」の冒頭で告白されているように、シュライアマハーは、自らの本来的意図を貫徹するためには、むしろ第二部から初めて第一部で終わるという逆の順序にすべきかどうか、最後まで迷っている。「キリスト教は敬虔の目的論的方向に属する唯一神教的信仰方法であり、そしてこの信仰方法においては、いっさいがナザレのイエスによって成就された救済に関係づけられるということによって、他の唯一神教的信仰方法とは本質的に区別される」（CG^2 §11; vgl. CG^1 §18）(20)と定義するシュライアマハーにとって、キリスト教的敬虔自己意識の分析として信仰論を展開するのであれば、本来的にはイエス・キリストによる救済を扱う救済論からスタートして、そのあとで創造論に至るべきではないかという代案が頭から離れないのである。(21)彼が引き合いに出すハイデルベルク教理問答も、罪論と救済論から始まっているので、そうすべきだとの誘惑は非常に強かった。もしそのようにしておれば、哲学的思弁の混入やスピノザ主義的汎神論の嫌疑を免れたであろうが、シュライアマハーは思案に思案を重ねた挙句、第二版でも第一版の順序をそのまま採用した。再編成しないという決断を下した一番の理由は、彼の言葉をそのまま引けば、「アンティ――クリマクスという例の形式に対する非常に強烈な嫌悪感」(22)であったが、それと同時に、序論から本論へのスムーズな移行を考えると、現行の順序の方が良いと判断したからである。

シュライアマハーによれば、序論は「厳密に捉えれば、わたしたちの学科〔教義学〕そのものの完全に外にある暫定的な方向づけとしてしか意図されていなかった」(23)ものである。信仰論第一部もまた、「本体そのものに属してはいるが、しかしそれは入口ないし玄関の間として属しているにすぎない。そこに含まれている諸命題は、そこで与えられ得るかぎりにおいて、本来的に記入されていない枠のようなものにすぎず、あとでようやく申し述べられることとの関係を通じてのみ、その真の内容を獲得することができるのである」(24)。ところが、この暫定的方向づけを与えるにすぎない序論が、論評者たちによって「本来の中心的事項として、つまり全体の正真正銘の核心」(25)であると誤解され、そこからシュライアマハーの教義学は実際には哲学であるとの批判が生じたり、あるいはそこにスピノザ的な汎神論を嗅ぎつけ、それを厳しく糾弾する者もあったりした。こうした誤解に対する責任の一端は、シュライアマハーも認める通り、彼自身にもあったが、だからこそ彼はそれを払拭するために、あえて筆を執って『リュッケ宛の書簡』をしたためたのである。

3　敬虔と絶対依存の感情

敬虔・感情・直接的自己意識

ところで、シュライアマハーは当時すでに、神学者、哲学者、説教者、プラトンの翻訳家などとして多方面的に活躍をしていたが、人々の心に一番鮮烈な感銘を与えていたのは、処女作『宗教論——宗教蔑視者のうちで教養ある者への講話』の著者としての彼であったに相違ない。この著作は一八世紀の干乾びた啓蒙主義的宗教観に完全に訣別し、自然理性にも道徳性にも還元できない宗教の独自性を弁証したパイオニア的作品であり、ドイツ・ロマン主義の宗教観のまさに精華といえるものであった。シュライアマハーによれば、「宗教の本質は、思惟でも行為でもなく、直観と感情である」(Ihr Wesen ist weder Denken noch Handeln, sondern Anschauung und Gefühl)。[26] 宗教は「宇宙に対する感能と嗜好」(Sinn und Geschmak fürs

Unendliche)[27]である。宇宙は間断なく活動し、われわれに各瞬間に自己を啓示している。宇宙が産出するあらゆる形式、宇宙が生命の充実に従って各々別個の存在を与えるあらゆる出来事は、宇宙のわれわれに対する行動である。それゆえ、「すべての個物を全体の一部として、すべての制限されたものを無限なものの表現として受取ること、それが宗教である[28]」。ところで、「直観と感情とがなお相分離せず、感能とその対象とがいわば互に融合して一つとなっており、両者がなお各自の本源的場所に還って行かない」その瞬間は、「どんなに記述しがたく、どんなに迅速に過ぎて行くもの」であろうか。「その瞬間は、朝露が目覚めたる花に吹きかける最初の香気のように迅く、かつ透明に、処女の接吻のように恥かしげにかつ柔らかに、花嫁の抱擁のように聖にしてかつ豊かに、否かくの如くにではなくして、すべてがそれ自身である[29]」。

かかる瑞々しいロマン主義的宗教観の余韻は、メッテルニヒ体制下のドイツでもまだ底流に息づいていた。それゆえ、シュライアマハーが『信仰論』第一部を上梓したとき、人々が『宗教論』の延長線上でこれを受け止めたことは想像するに難くない。とりわけその序論には、「敬虔」(Frömmigkeit)の本質を「感情」(Gefühl)と見なす、従来からのシュライアマハーの持論に通底する主張が明確に打ち出されていたので、なおさら読者はそのように受けとったのである。序論が教義学体系の中核をなしているとの誤解が生じたのも、おそらくそのことと無関係ではなかろう。しかしそのような誤解が生じたことは、裏返せば、序論に強烈なメッセージが込められており、そのインパクトがきわめて甚大かつ感銘的だったということである。

序論における最も中心的なメッセージは、「敬虔」、「感情」、そして「絶対依存の感情」に関するものである。第一版から引用すれば、「信仰論はそれゆえ、二種類のものに基づいている。すなわち第一に、キリスト教の敬虔な心情の興奮を教説で叙述する努力と、つぎに教説として表現されているものを厳密な連関へともたらす努力に基づいている」（CG^{1} §3）。「キリスト教の本質がどこに存しているかを突き止めるために、われわれはキリスト教を超えなければならず、またキリスト教を他の信仰様式と比較するために、キリスト教を超えたところにわれわれの立場をとらなければならない」（CG^{1} §6）。そのような比較の根底には、「すべての信仰方法のなかにはある共通のものが存在する」（CG^{1} §7）という前提がある。「敬虔それ自体は知識でも行為でもなく、感情の一つの傾向であり様態である」（CG^{1} §8）。「敬虔は人間の感情の最高の段階である……」（CG^{1} §10）。そして「あらゆる敬虔な興奮に共通するものは、それゆえ敬虔の本質は、われわれがわれわれ自身を絶対的に依存するものとして意識しているということ、すなわち、われわれが自らを神に依存するものとして感じているということである」（CG^{1} §9）。

著者のこのような言説に接した論評者たちが、序論に格別の重要性を帰すと同時に、シュライアマハーの『信仰論』を一種の哲学的思弁の産物と見なしたことは、無理からぬことである。そこでシュライアマハーは、第二版ではこのような誤解が生じないように、教義学的命題そのものをより厳密に彫琢し、かつそれらの配列と順序にも意を用いている。そして第二版においては、第三項から第六項は「倫理学からの借用命題」（Lehnsätze aus der Ethik）、第七項から第一〇項は「宗教哲学からの借用命題」（Lehnsätze aus der Religionsphilosophie）、第一一項から第一四項までは「弁証学からの借用命題」（Lehnsätze aus der Apologetik）であると明記して、これらの諸命題があくまでも教義学体系の外に位置することに注意を喚起している。

すなわち、第二版では「倫理学からの借用命題」として、敬虔についてつぎのように述べられる。「あらゆる教会的共同体の基礎をなす敬虔は、純粋にそれ自体として考察すれば、知識でも行為でもなく、感情の、あるいは直接的自己意識の一様態である」（CG² §3）。「敬虔の多様な表現にもかかわらず、それらすべてに共通な要素――それによって敬虔は同時に他のいっさいの感情から区別される――、したがって敬虔の変わらない本質は、われわれがわれわれ自身を絶対的に依存するものとして、もしくは、同じことであるが、神と関係するものとして意識することである」（CG² §4）。「敬虔な自己意識は、人間本性のあらゆる本質的要素と同様、その発展において必然的にまた共同体になる。しかも一方では不均等に流動的な共同体になり、他方では明確に限定された共同体すなわち教会になる」（CG^2 §6）。ここに「感情」（Gefühl）という語を補足するために、第一版にはなかった「直接的自己意識」（das unmittelbare Selbstbewußtsein）という用語が付け加わっていることは重要である。これによって「感情」と「敬虔」というシュライアマハー神学の鍵概念の意味内容の解明に、大きな手助けが与えられたことになる。

第一版の第一五項を加工し直したと思われる、「すべての有限者が唯一の至高者・無限者に依存していることを表明している、そのような敬虔の形態、すなわち、唯一神教的な敬虔の形態は、最高の段階を占めるものである。そして他のすべての敬虔の形態は、これに対していわば従属する関係にあり、人間はこの従属的形態から例の高次の段階へと移行するように規定されている」（CG^2 §8）という命題は、宗教哲学からの借用命題であるが、ここに唯一神教的敬虔が宗教史の最高段階に位置することが、明言されている。また先に挙げたキリスト教の定義に関する命題、すなわち、「キリスト教は敬虔の目的論的方向に属する唯一神教的信仰方法であり、そしてこの信仰方法においては、いっさいがナザレのイエスによって成就された救済に関係づけられるということによって、他の唯一神教的信仰方法とは本質的に区別される」（CG^2

§11）は、弁証学からの借用命題であるが、これによってユダヤ教およびイスラム教からのキリスト教の差別化も図られている。

このようにして、キリスト教敬虔自己意識を教義学的命題に仕立てるための予備的概念作業が、学問的手順を踏んで周到になされ、さらに「教義学とキリスト教的敬虔の関係について」（CG^2 §§15-19）、および「教義学の方法について」（CG^2 §§20-31）論じたのち、著者はいよいよ読者を信仰論の本論へと導き入れる。

絶対依存の感情とヘーゲルによる批判

第一版および第二版の序論は、ほぼ以上のような内容となっているが、われわれがここでもう少し詳しく考察しなければならないのは、シュライアマハー神学の代名詞のようになっている「絶対依存の感情」についてである。

われわれはすでに第一版の第九項で、シュライアマハーが「敬虔の本質は、われわれがわれわれ自身を絶対的に依存するものとして意識しているということ、すなわち、われわれが自らを神に依存するものとして感じているということである」と語っているのを見たが、「絶対依存の感情」（das schlechthinige Abhängigkeitsgefühl）という表現そのものは、第二版ではじめて登場する。それは先に紹介した、「敬虔の変わらない本質は、われわれがわれわれ自身を絶対的に依存するものとして、もしくは、同じことであるが、神と関係するものとして意識することである」という命題を詳述するくだり（CG² §4,2-4）で、はじめて専門的術語として用いられ、それ以後はいろいろな場面に頻出する。(30) この概念がシュライアマハーの神学にとっていかに中枢的意義を担っているかは、それと同時にまた、その意義を正確に捉えるのがいかに困難であるかは、ベルリン大学における彼の不倶戴天のライバルとなったヘーゲルの反応がよく示している。(31)

ヘーゲルは一八一八年にベルリン大学教授に就任し、一八三一年一一月一四日にコレラに罹って亡くなるまで、丸一三年間シュライアマハーの同僚として活動した。シュライアマハーは、当初ヘーゲルのベルリン大学招聘に前向きで、両者の関係は決して険悪ではなかった。(32) しかし北ドイツ出身のシュライアマハーは、南ドイツのシュヴァーベン人であるヘーゲルとは「完全に対蹠的な人物」(33) であった。この気質の相違が表面化してぶつかり合ったのは、神学部教授デ・ヴェッテ（Wilhelm Martin Leberecht De Wette, 1780-1849）の解職をめぐってであった。一八一九年三月、愛国主義的な学生運動の高まりのなかで、ロシア皇帝の密偵であった作家コッツェブーが、共和主義的な志操を抱く学生ザントによって殺害されるという事件が勃発した。デ・ヴェッテはザントの母親に手紙を書き、彼の行動は容認できないが、その純粋な心情には評価できるところもあると共感を示した。ところがこの手紙が発覚して、デ・ヴェッテは王の命令によって即刻免職となった。教授会メンバーの多くがこの処分に抗議した。ヘーゲルもその一人ではあった。ところが、同年一一月半ばの昼食会の席上、ヘーゲルは「国家がその俸給を残しておくという条件で停職を認める」と発言し、同僚の解雇を容認する態度を表明した。これにシュライアマハーが激怒し、二人がナイフで渡り合ったというデマが飛ぶほどの激しい言い争いが起こった。

この一触即発の事態は、シュライアマハーのその後の寛大な態度と、それに対するヘーゲルの礼節を重んじる身の処し方によって、一時的に回避された(34)。だが、ヘーゲルのプロイセン王立科学アカデミー（学士院）入会の問題をめぐって、やがて両者の間に決定的な亀裂が生じることとなった(35)。学士院会員になれないヘーゲルが、痺れを切らして独自の学術団体「学術批評学会」（Societät für wissenschaftliche Kritik）を立ち上げ、その機関誌として『学術批評年誌』*Jahrbücher für wissenschaftliche Kritik* を創刊した時、シュライアマハーは対抗措置として、「歴史学・哲学部門」のなかの「哲学部門」の廃止を決断し、それを公に断行した。ハルナックによれば、「シュライアマハーはヘーゲル哲学の専制を危惧しており、少なくともアカデミーはヘーゲル哲学から自由であり続けるべきだ」[36]と考えたからである。この一件は鶏が先か卵が先かのような議論となるが、いずれにせよ一八二六年の時点で、シュライアマハーとヘーゲルは修復不可能な敵対関係に陥ってしまった。

しかしそういう事態に陥るずっと前に、両雄の学問上の鍔迫り合いはすでに始まっていた。すなわち、ルター派と改革派の合同を目指すシュライアマハーが、両派の合同を積極的に推進するための一助として、『信仰論』を刊行するという噂が流れると、この教会合同に内心反対していたヘーゲルは、大いに危機感を募らせ、当初の講義計画を急遽変更して、シュライアマハーの『信仰論』を迎え撃つべく、一八二一年夏学期に「宗教哲学」の講義を行うことを予告した[37]。それゆえ、ベルリン大学におけるヘーゲルの「宗教哲学」講義は、本質的に、シュライアマハーの『信仰論』に対する「対抗措置」(counterweight)と見なされなければならない[38]。しかしまさにこの時期に、ハイデルベルク時代の教え子ヒンリヒス(Hermann Friedrich Wilhelm Hinrichs, 1797-1861)が、ヘーゲルに自著への序言を執筆してくれるよう依頼してきた。ヘーゲルは原稿にざっと目を通して、その思弁的な内容に満足してこれを引き受けた[39]。

かくしてヘーゲルは、ヒンリヒスの『学問との内的関係における宗教』の「序言」を執筆するが、そこにおいてシュライアマハー批判の第一の矢を射放つ。彼は、「いかなる宗教においても、家族や国家のような、人間のいかなる人倫的共同体においても、即且対自的に存在する神的なもの、永遠なもの、理性的なものが客観的法則として妥当するのであり、この客観的なものが第一のものであって、感情はただこれを通してのみそれ本来のものとなり、正しい方向をとることができるのである(40)」と述べた上で、シュライアマハーのいう「依存感情」をつぎのように痛切に皮肉ってみせる。

もちろん、自然人の感情のなかにも神的なものについての感情もまた存在するであろう。しかし、神的なものについての自然感情と神の精神とは違うのである。……神的なものは、ただ精神のうちに、また、精神に対してのみあり、そして、精神は、上述したように、自然の生命ではなく、復活したものだということである。もし感情が人間の本質の根本規定をなすというなら、人間は動物に等しくされてしまう。動物の本性は自分の規定であるものを感情のうちに有し、感情に従って生きることだからである。人間の宗教がただ感情にのみ基づくものであるなら、そういうものはまさに人間の依存の感情であるという以上の規定をもたぬし、もしそうであるなら、犬が最良のキリスト教徒であろう。なぜなら、犬はこの感情をもっとも強烈に自分のなかにもっており、もっぱらこの感情のなかに生きているのだから。[41]

ヘーゲルは、一八二一年の第一回目の「宗教哲学講義」では、ユダヤ宗教の精神は「絶対的威力」である神ヤハウェに対する奴隷的自己意識と畏れであり、したがってその根本規定は「依存すなわち隷属という根本感情」(Grundgefühl seiner Abhängigkeit, d. i. Knechtschaft) であると論じたり、[42] あるいはローマの宗教を論じた箇所では、「依存感情 (Abhängigkeitsgefühl) の正しい展開は、損害と災厄をもたらす威力を崇め、ひいては悪魔を崇拝することに至る」[43] などと暴言を吐いているが、一八二四年の第二回目の講義では——そのときにはシュライアマハーの『信仰論』第一版が完結し、その全貌が明らかになっていた——、シュライアマハーと全面的に対峙して、「依存感情」をつぎのように扱き下ろす。

生けるものの生は有限的なものである。生〔の一部〕として、われわれは外的に他のものに依存しており、いろいろな需要を、つまり各人が生存するために必要なものをもっており、そしてこうした制約の意識を抱いている。われわれは自らを依存するものと感じる、つまり動物的実存としてである。われわれはこの点を動物と共有している。動物は同様に自らの制約を感じるからである。植物も鉱物もまた有限であるが、それらは自らの制約の感情を抱かない。自らの制約を感じるということは、生けるものの長所であり、自らの制約を知ることは、精神的なもののさらに優れた長所である。動物は自らの制約を感じる。それは恐怖、不安、空腹、渇きなどを覚える。……もしひとが、宗教はこのような依存感情に基づくと言うのであれば、動物もまた宗教をもたなければならない。なぜなら、動物はこの依存性を感じるからである。(44)

このようなヘーゲルの受け止め方は、シュライアマハーの説く「絶対依存の感情」を明らかに意図的に歪曲したものであるが、しかしそのような当て擦りがまかり通るような、概念的規定性の不備がシュライアマハーにないかといえば、必ずしもそうは言えないのが実情である。今日に至るまで、この概念について議論が絶えないのはそのためである。もちろん、シュライアマハーは『信仰論』第二版において、第四項から第六項にかけて、この概念を説明するために懸命の努力をしている。そこで絶対依存の感情は「直接的な自己意識の最高の段階」（CG^2 §6,1; vgl. CG^2 §5,1）であり、絶対依存の感情の「直接的・内的表明が神意識」（CG^2 §5, Zusatz）であると明言もしている。にもかかわらず、あまりにも特異な概念であるために、読者や評者のなかにもやもや感が残るのもたしかである。それゆえ、これについての概念的明晰性を獲得することは、今日でもなおシュライアマハー研究の大きな課題といえよう。[45]

4　キリスト教信仰と近代的学問性

神学と哲学との関係

シュライアマハーの『信仰論』にたびたびかけられた嫌疑は、彼の教義学は実際には哲学ではないのか、彼はその教義学において哲学を営んでいるのではないのか、というものであった。[46] それに対してシュライアマハーは、終始一貫してそれを否定している。[47] そもそも『信仰論』第一版の第二項の命題に注を施し、「哲学的なものと教義学的なものは混同されてはならない」と述べ、哲学を教義学とは「別の仕方で成立した思考」(das anders entstandene Denken)[48] と明言している。第一の書簡においても、「わたしは教義学において哲学を営むつもりはさらさらありません」[49] とハッキリ語っている。にもかかわらず、そういう嫌疑が各方面から寄せられ、一向に収束しなかったのは、彼自身の思考のうちで神学と哲学あるいは宗教と哲学が、うまく共存していたからにほかならない。実際、第二の書簡で公言されているように、彼は「宗教と哲学を並列的に置いている」(50)。彼の確信するところでは、「宗教と哲学は同一の人間主体のうちで非常にうまく共存できる」のであり、「真の哲学者はまた真の信仰者であり、またあり続ける」(51)ことができる。しかし両者は決して置き換えられないものであることを、彼はまた深く自覚している。彼は「われわれ〔神学者ないし教義学者〕のやり方と哲学的なやり方の相違を、あらゆる瞬間に明確に自覚」し、その相違を自覚し続けるよう「絶えず努力している」(52)。このように、神学と哲学あるいは宗教と哲学の相違を明確に自覚しつつ、しかも両者の並列的あるいは共存的な互恵関係を説くのが、シュライアマハーの真骨頂だと言ってよい。

われわれはすでに、シュライアマハーが『神学通論』において、「哲学的神学」(die philosophische Theologie) という仕方で哲学をキリスト教神学のなかにうまく取り込んでいるのを見た。そこにおいて倫理学、宗教哲学、弁証学の果たすべき役割が明示されているが、『信仰論』第二版では、「教会の概念について」の諸命題 (§§3-6) は「倫理学」から、「敬虔な共同体一般の相違についての諸命題 (§§7-10) は「宗教哲学」から、「その特有の本質によるキリスト教の叙述」に関する諸命題 (§§11-14) は「弁証学」から借用した Lehnsätze であることが、ハッキリと明記されている。「借用命題」というこの言葉がよく示しているように、哲学あるいは学問的思考は教義学にとってあくまでも補助的役割を果たしているにすぎないのである。しかし哲学を含む精神諸科学との連帯、あるいは後者に協力を仰ぐことによって、神学はたしかに近代の学問状況のなかでその学問性を維持できる。教義学あるいは神学における哲学的思弁の役割は、それゆえ不可欠であるが、しかしまた限定的であらざるを得ない。その点が先に引き合いに出したヘーゲルとの決定的相違点である。

ヘーゲルにおいては、宗教的表象は哲学的概念へと昇華されなければならない。というのは、「表象」（Vorstellung）は未だ感覚的なものから完全に自由になっておらず、歴史的・偶然的なものや現象界の物語と関係している。それゆえ、宗教における省察は、信仰の形式から理性の形式へ、表象から「概念」（Begriff）へと高まらなければならない。また神についての主観的・直接的な知識（Wissen）は、純粋に理性的な神認識（Erkennen）に至らなければならない。啓示宗教としてのキリスト教の内容を、純粋な思考の場で理性的に認識するのが、思弁的認識を推奨するヘーゲルの立場である。かくして、哲学者ヘーゲルはまた「精神の神学者」（Theologian of the Spirit）と見なされ得るのである。(53)

しかし、シュライアマハーはこのようなヘーゲルおよび彼の影響を受けた思弁神学（die spekulative Theologie）に対して、終始微妙かつ意味深長な距離を置いている。本書において繰り返し主張されているように、彼は一貫して「思弁的知識とキリスト教は、つねに相互に分離され続ける」[54]ことを説いた。彼にとって思弁神学は、所詮は自分に「そっくりの他人」(mein Doppelgänger)[55]にすぎず、「本来の思弁」[56]については、彼はこれを明確に斥けている。にもかかわらず、彼は保守的神学者たちから『信仰論』の「思弁的傾向」[57]を厳しく糾弾され、あるいは「思弁的教義学者」[58]の仲間だと誤解されたりもしている。ここに「遠くて近いヘーゲルとの関係」（増渕幸男）[59]が問題となるゆえんがある。

キリスト教信仰と自由学問との「永遠の契約」

ベルリン大学でシュライアマハーと人気を二分したヘーゲルは、例えば『宗教哲学講義』のなかで、神学と哲学、あるいはキリスト教信仰と学問研究の関係を、彼の一流の表現法にしたがって、つぎのように言い表わす。

しかし思惟が具体的なものに対して対立を措定し始め、そして具体的なものに対して対立のうちで自己を措定するかぎり、この対立を耐え抜いてついに和解に到達することが、思惟の過程である。

この和解は哲学である。そのかぎりにおいて、哲学は神学である。神が自己自身と和し自然と和解していることを、哲学はつぎのように表現する。すなわち、自然という〈他である存在〉も潜在的には神的なものである。有限な精神はそれ自身においてみずから和解へと高まるものであるが、他方また世界史において、この和解に到達し、和解をもたらす、と。世界史における和解は「神の平和」である。それは「あらゆる理性よりも高い」のではなく、むしろ理性によってはじめて知らされ、思考され、そして真なるものとして認識される。(60)

ここに見られるように、ヘーゲルは神学と哲学を「和解」(Versöhnung)のモティーフで捉え、神学と哲学の相違・対立は哲学のうちで概念的に止揚されて、和解へともたらされなければならない。

これに対してシュライアマハーの場合には、神学と哲学、キリスト教信仰と学問研究の相違・対立は、どこまでも解消できないものとして残る。だからこそ彼は、両者の間にあの「永遠の契約」を樹立しようとするのである。曰く、

もしわれわれの教会の大本の起源である宗教改革が、生き生きとしたキリスト教信仰と、

あらゆる面に解放され独立独歩営まれる学問的研究との間に、永遠の契約（ein ewiger Vertrag）を締結し、その結果信仰は学問を阻害せず、また学問は信仰を排除しないようになる、という目標をもたないとすれば、宗教改革はわれわれの時代の要求を満たしませんし、われわれは、たとえそれがいかなる闘争からどういう仕方で自己を形成するにせよ、さらにもう一つの宗教改革を必要とするでしょう。しかしわたしの確固たる確信は、この契約の根拠は当時すでに据えられており、われわれがそれを解決するためにも、われわれはこの課題についてのより明確な意識に至ることだけが必要だ、ということです。(61)

シュライアマハーのいう「永遠の契約」は、ヘーゲルの説く「和解」とは異なり、信仰と学問の相違・対立を高次の総合において融和させようとするものではない。それは信仰と学問――あるいは神学と哲学、信仰と理性――の相違を認めつつ、両者の間に永続的な互恵関係を築き、双方が共存できる道を探ろうとするものである。(62)

一九世紀の「学問的神学」（Wissenschaftliche Theologie）の祖と見なされているシュライアマハーにとって、学問に背を向けながら神学を営むことは、神学の自滅を意味する以外の何物でもなかった。それゆえ、彼は年少のリュッケに向かって鋭く問うている。「しかしあらゆる学問を遮断して、全面的な兵糧攻めに備える態勢に入ると、学問の方はその場合、君らによって余儀なくされて（君たちが立て籠もるからですが）、不信仰の旗を立てざるを得ません！　歴史の結び目がばらばらにほどけて、キリスト教が野蛮と、そして学問が不信仰と同一視されるようになるべきでしょうか」[63]。したがって、キリスト教が野蛮と手を結び、学問が不信仰の旗を立てるのを阻止するためには、「自由で独立した学問とわたしたちの信仰論との間のあの闘争」は、何としても調停されなければならないのである。このようにシュライアマハーの『信仰論』は、キリスト教信仰と近代の自由学問との間の懸隔を架橋し、両者の間に「永遠の契約」を締結しようとした、ひときわ野心的かつ模範的な試みなのである。

神　論

しかしそれだけに保守層からの批判や反発も半端なものではなかった。いまでは忘却の彼方にすっかり消えてしまった論客たちによる批判的な論評は、今日シュライアマハーの批判的全集版（KGA）の I. Abt. Band 10 の付録および Band 7, 3 に収録されているので、われわれは必要に応じてそれを参照することができる。本訳書におけるシュライアマハーの弁明と反論を、その真の深さと広さにおいて理解するためには、当然そこに再録された批判的論評そのものの検証へと赴かざるを得ないであろうが、正直なところこの作業は訳者の手に余る。幸いにも英訳書はかなり詳細な訳注を施し、肝心な点については掘り下げて論じているので、関心のおありの方は英訳書を参照されるようお勧めする。ここでは最後に、論評者たちの批判がかなり集中したシュライアマハーの神観とキリスト観について、紙数が許す範囲で一瞥しておこう。

まず、シュライアマハーの神観ないし神論であるが、上でも触れたように、これについては各方面からスピノザ的汎神論の嫌疑がかけられた。例えばヴュルテンベルクの神学者クライバーは、つぎのような論調でシュライアマハーを糾弾する。すなわち、シュライアマハーは「世界における神のあらゆる間接的作用を否定し、すべての現象を神の直接的作用と見なす」のであるが、かかる主張が成り立ち得るのは、「有限なものと無限なものの真の区別を止揚し、世界は神的生命そのものの展開にすぎず、分割され有限的に形成された無限性にすぎないと主張する」立場においてのみである。シュライアマハーにおいては、自然の因果性と神のそれは形式的にのみ区別されており、神あるいは無限者とは「事物の真の存在であり、それらの存在と生命の内属的あるいは内在的根拠を構成する」。しかしこれは間違いなく「汎神論的見解」にほかならないと。[64]

同様の懸念ないし批判には事欠かないが、もちろんこのような疑念が生じたのには十分な理由がある。言うまでもなく、それは『宗教論』におけるつぎのようなスピノザ讃美である。「私と共にうやうやしく、聖なる放逐されたるスピノザの霊に頭髪を捧げよ。彼をば高き世界精神が貫き、無限なるものは彼の初めにして終りであり、宇宙は彼の唯一にして永遠の愛であり、神聖なる清浄さと深き謙遜とにおいて彼は永遠の世界に自己を反映し、彼も亦その世界の愛すべき鏡なることを見た」[65]。クライバーも自説を裏づける根拠として、シュライアマハーの『宗教論』をたびたび引証していることからわかるように、この書物で一躍有名になったシュライアマハーであるので、『信仰論』の読者が著者の神観・世界観をそれとの密接な連関において解釈したことは、無理からぬところであろう。

しかしシュライアマハーにとっては、そのようなスピノザ主義ないし汎神論の嫌疑をかけられたことは心外であって、それゆえ、彼はこのリュッケ宛の二通の書簡において、かなりの紙数を費やして評者の誤解を解き、自らの立場を弁護しようと努めている。一例を挙げれば、彼を汎神論者として告発するデルブリュックに対して、シュライアマハーはつぎのような仕方で弁明する。

　そして神についてのわたしの説明ですが、これに関してわたしは右顧左眄して何らかの哲学者に助けを求めることをせず、まったく単純にすべての敬虔なキリスト者に共通な感情を問題にし、そして一方の側を満足させようとして、他方の側を損ねることがないような仕方で、これを叙述しようと努めたにすぎません。しかしデルブリュックがこれを、スピノザとフィヒテを不思議なやり方で接合して、まったく異なる化学的な方法で再生しているのを見て、何と驚いたことでしょうか(66)。

いずれにせよ、シュライアマハーの『信仰論』をめぐる大きな争点の一つは、彼の神論をどう解釈するかという問題である。その際、批判者の多くは序論に圧倒的な比重を置いて議論しているが、著者の意図を重んずるのであれば、やはり本論における議論により細心の注意が払われなければならないであろう。

イエス論／キリスト論

もう一つの大きな争点は、シュライアマハーのイエス論／キリスト論である。この問題に関する最大の批判者は、フェルディナント・クリスティアン・バウアである。彼はシュライアマハーのキリスト論が歴史的事実よりはむしろ哲学的思弁に基づいていると批判する。つまり、シュライアマハーにとっては、救済の理念こそが第一義的に重要であって、史的イエスはそれに比して二次的・派生的な意義しかもたない、というのである。シュライアマハー自身の言葉で言い直すと、

わたしにとって唯一重要なのは、たしかに理想的なキリスト（der ideale Christus）にほかならず、この理想的なキリストが同時に神意識そのものであり、また人間とはいかにあるべきかの典型だというのです。これに反して、わたしが歴史的キリスト（den historischen Christus）をこっそり持ち込むとき、わたしは歴史的キリストについて……たとえばアリストテレスも実際にはどうであったのかを論ずる程度のことしか心得ていない、と言われます。(67)

このようなバウアや類似の批判を展開するブラニスに対して、シュライアマハーはこう主張する。「救済の歴史的形式はすでにキリストご自身とともに始まっており、それゆえにまた、救済はまず彼のうちに最小限のもの（minimum）として措定されているはず」である。「わたしがかつてキリスト教の根本的前提として受け入れた」そもそもの大前提は、「救済はその力

に従えば、完全にまた排他的にキリストのうちに措定されており、しかも彼のうちには救済の必要性のいかなる痕跡も見出せない、という前提」にほかならないと。(68)

しかしこういう弁明にもかかわらず、シュライアマハーのキリスト論に対して、とくに歴史的＝批判的学問を重んずる立場から、その後も同様の批判が繰り返されるのは、彼がキリストの「原型性」(Urbildlichkeit) を力説するからである。「新しい共同生活の自己活動が、贖罪者にその根源をもち、彼からのみ発するものとすれば、歴史的個人としての贖罪者は、同時に原型的 (urbildlich) であったに相違ない。すなわち、原型的なものが彼において完全に歴史的となり、そして、彼のいかなる歴史的瞬間も、同時に原型的なものを含んでいたはずである」(CG² §93)。それゆえ、「原型性だけが、キリストの人格にのみそなわる尊厳に対する適切な言表であることが明白となるであろう」(CG² §93,2) と言われる。このようなキリストの原型性の主張が、イエスの人間性と歴史性の軽視という印象を読者に与えてしまい、グノーシス主義であるとか仮現論であるとの批判も起こってくるのである。(69) シュライアマハーによるヨハネ福音書の偏重ということも、この問題性と密接な関係をもっている。(70)

アルバート・シュヴァイツァー (Albert Schweitzer, 1875-1965) は、有名な『イエス伝研究史』において、史的イエスについてのシュライアマハーの取り扱いについて、手厳しい判断を下している。「まったく彼のイエス史に関する取りあつかい方ほど、この偉大な弁証家が非歴史的頭脳の持主であったことを、あきらかにするものはないだろう[71]」。というのは、「シュライアマハーが追求するのは歴史のイエスではなく、彼の信仰論の内容たるイエス・キリスト、すなわち、彼が提示した救済者の自己意識に適合した史的人格性である[72]」からである。彼の歴史理解にとって特徴的でありかつ重要なことは、彼がヨハネ福音書を「一方的に優遇したこと」である。彼によれば、「イエスの自己意識はただ第四福音書中にのみ反映している[73]」。「共観福音書記者たちの『キリスト像』は、シュライアマハーが歴史の中に投入しようとしたものに適合しない[74]」。「それゆえ、シュライアマハーがイエスについて語らないで、その代わりにつねにキリストについて語ることは、偶然ではないのである[75]」。さすがはシュヴァイツァーだけのことはあって、シュライアマハーのイエス論／キリスト論の問題点が見事に抉り出されている。

以上、シュライアマハーの『信仰論』の基本的特質と、それにまつわる幾つかの問題点を指摘してみたが、一九世紀の学問的神学の不滅の金字塔と称されるこの大著を正しく理解するために、ここに訳出した『リュッケ宛の二通の書簡』はかぎりなく重大な意義を有している。公開書簡の形をとったこの弁明書は、『信仰論』第一版（一八二一―二二年）に対する識者たちの批判に答えつつ、来るべき第二版（一八三〇―三一年）における改定方針を予告する役割を果たしているので、ここに述べられているシュライアマハーの意図を十分踏まえて、第一版と第二版に通底する彼の中心的思想や、両者の異同などを詳しく検証することが、われわれがつぎに取り組まなければならない大きな課題である。(76) そのためにも近い将来この大著そのものが、信頼できる日本語で読めるようになることを願いつつ、筆を擱きたいと思う。

安酸　敏眞

訳者あとがき

本書の翻訳を思い立ったのは、自らの浅学菲才を顧みず、シュライアマハーの不朽の大作『福音主義教会の根本原則にしたがって組織的に叙述されたキリスト教信仰』*Der christliche Glaube nach den Grundsätzen der evangelischen Kirche im Zusammenhange dargestellt*, 2. Aufl. (1830/31) についての本格的な研究に着手し、その一環としてこの大著の翻訳におずおずと乗り出し、序論部分の下訳を八割方終えた段階で、あるときジェームズ・デューク、フランシス・S・フィオレンツァ著、松井睦・上田彰訳『シュライエルマッハーの神学』（ヨベル、二〇〇八年）を拾い読みしたときの、大きな当惑と衝撃が直接のきっかけとなっている。この本は数年前から購入して書架に立てかけていたが、不覚にも手に取って読むことをしていなかった。

同書の原本である Friedrich D. E. Schleiermacher, *On the Glaubenslehre*, translated by James Duke and Francis Fiorenza, AAR Texts and Translations 3 (Chico, CA: Scholars Press, 1981) は、米国留学の二年目に、シュライアマハーの『キリスト教信仰』（通称『信仰論』）に関

する授業の副読本として精読していたので、この英訳書とその原本である *Schleiermachers Sendschreiben über seine Glaubenslehre an Lücke*, neu herausgegeben und mit einer Einleitung und Anmerkungen versehen von Lic. Hermann Mulert (Gießen: Verlag von Alfred Töpelmann, 1908) の重要性については、かねてより十分承知していたつもりである。しかしいわば英訳からの重訳である『シュライエルマッハーの神学』を読むと、いたるところに腑に落ちぬところがあって、正直自分の眼を疑った。かくして生じたもやもや感を解消するために、ドイツ語原典、英訳書、そして日本語訳を突き合わせつつ、抜き打ち検査的に読んでみた。つぎにより厳格な比較対照を全面的に遂行してみた。

その結果明らかになったことは、秀逸であると思っていた英訳書にも、ときたま明らかな誤訳や遺漏が見出されたことと（にもかかわらず、全体的にはきわめて優れた翻訳であり、難解なシュライアマハーのドイツ語原典を理解する上で、非常に有益な書物である！）、誠に遺憾ながら、邦訳書には訂正されるべき多くの問題点が含まれている、ということである。もちろん、重厚で難解なシュライアマハーのドイツ語を、たとえ英語からとはいえ訳出する作業は、相当の集中力と時間を要したであろうから、訳者のお二人の労苦は大いに多としたい。実際、そこから学ばせていただいたことも少なからずある。にもかかわらず、シュライアマハー神学を正しく理解するために、本書が本来果たすべき役割とその重要な意義に鑑みれば、ドイツ語原典から根本的に訳し直す必要があると判断した。曲がりなりにも近代キリスト教思想史を専門にする者として、とりわけシュライアマハーのような重要人物の思想は、正確に紹介され正しく理解されなければならない、と信ずるからである。しかし翻訳上の誤り（英訳も含む）を逐一指摘することは主目的ではないので、とくに重要と思われる場合を除いて、いちいち言及することは差し控えた。

ところで、ドイツ語原典をいざ日本語に訳そうと試みると、この仕事は当初考えていた以上に煩瑣で難解な作業であることが判明した。論争書あるいは弁明書は性格上そういうものであるが、それが抗弁しようとする相手方の批判や主張は、当の書物からは部分的に、しかも多分にバイアスのかかった仕方でしか読み取れない。論敵の批判や主張を正確に知るためには、それらを原資料から逐一検証する作業が必要となるが、いまから二〇〇年近く前の、いまでは名前すら忘れ去られている神学者たちの書物を渉猟することは、よほどのスペシャリストか好事家でないかぎり、あえて取り組むことを躊躇せざるを得ない。そういうわけで、そのどちらでもない訳者としては、KGA I. Abt. Band 10 に施された注と、同じく KGA I. Abt. Band 7, 3 に収録されている関連文献の抜粋を手掛かりに、本文の読解に取り組んだ次第であるが、正直などころこの作業ですら決して楽なものではなかった。

もう一つの困難は、シュライアマハーの特有の文体に起因する。ひとつひとつの文が非常に長く、関係代名詞と指示代名詞が多用され、しかも頻繁に接続法が駆使された彼の文章は、文意を正確におさえるのが容易でない上に、これを綺麗な日本語に置き換えるとなると、特別な翻訳の才能なしには不可能である。この点で訳者は最初から資格を欠く者であることを自覚している。しかしそれを承知であえてこの困難な課題に挑戦してみたのは、シュライアマハーのこの二通の書簡は、彼の特有の弁証法的な思考と文体に習熟する上で、格好の文献学的・解釈学的教材であると考えたからである。前回のアウグスト・ベーク『解釈学と批判——古典文献学の精髄』（知泉書館、二〇一四年）と同様、本訳書ももともとは自分のための文献学的・解釈学的トレーニングとして始めたものであったが、シュライアマハーの magnus opus である『キリスト教信仰』を理解する上で、この小著がもつ重要性をあらためて再確認したので、一般読者にも読んでいただきたいと考えるようになった次第である。ここに呈示する翻訳は、シュライアマハーのテクストを自分なりに読解しようと努力した、そのささやかな成果である。未熟なところも残っており、忸怩たる思いがしないではないが、現状のものを差し出して読者の批判を仰ぎたい。

本書の刊行をもって、いよいよ『信仰論』本体の翻訳への道が開けたと言えるかもしれないが、訳者自身にその力と意欲があるかと自問すると、求められる膨大な作業の前に呆然と立ち尽くしている、というのが偽らざるところである。この著作は「近代プロテスタント神学の父」の記念碑的労作であり、並大抵の学識と語学力では歯が立たない、恐ろしく重厚かつ難解な書物である。そればかりでなく、第一巻と第二巻合せて千頁を越える膨大な分量が、それを完訳しようという意欲を初っ端から挫く。それゆえ、よほどの使命感がないとおいそれとは着手できないたぐいの代物である。それにまた、はたしてこれを翻訳しても、どれくらいの読者が手に取って読んでくれるであろうか。あるいは一般読者が著者の議論について行けるであろうか。このような疑念が頭をもたげるとついつい出足が鈍る。そういうわけで、わたし自身に関して言えば、この翻訳作業をやり遂げる決意はまだ固まっていない。

それはともあれ、小生はこの小著の翻訳をもって、愛好者《リープハーバー》としての役割をひとまず果たしたつもりである。ヴァンダービルト大学のジャック・フォーストマン先生とエド・ファーレイ先生――二人はこのような略称で呼ばれていた――の指導の下でシュライアマハーを読みだしてから、早くも三五年の歳月が過ぎ去り、両先生ともすでに幽冥境を異にされている。本訳書は締め切りをとっくに過ぎて提出する課題レポートのようなものであるが、おそらく両先生から学ばなければ、このような小さな翻訳書すら出せなかったと思う。顧みて学恩に心より感謝申し上げたい。

最後になるが、知泉書館の小山光夫社長に心からの謝意を表したい。また編集部の高野文子さんにもお礼を述べたい。一般読者が飛びつきそうにないこの種の刊行は、よほどの使命感と決断なしには不可能である。にもかかわらず、今回も二つ返事で不躾な申し出を受け入れてくださり、まことにありがたく感じている。このご厚意に応えるためにも、本訳書が一人でも多くの読者に読まれ、シュライアマハーへの関心が高まることを期待してやまない。

二〇一五年　リラ（ライラック）の季節

訳　者

（付記）なお、本訳書は日本学術振興会の平成二十五―二十七年度科学研究費学術研究助成基金助成金（基盤研究（C））の交付を受けて行った研究成果の一環である。当会のご高配に深く感謝する次第である。

安酸 敏眞（やすかた・としまさ）

1952年生まれ。京都大学大学院博士課程およびヴァンダービルト大学大学院博士課程修了。Ph.D.，京都大学博士（文学）。現在，北海学園大学人文学部教授。
〔主要業績〕*Ernst Troeltsch*, Scholars Press, 1986; Oxford University Press, 2000,『レッシングとドイツ啓蒙』創文社，1998年，『歴史と探求』聖学院大学出版会，2001年，*Lessing's Philosophy of Religion and the German Enlightenment.* Oxford University Press, 2002, *Frühes Christentum und Religionsgeschichtliche Schule,*（共著）, Vandenhoeck & Ruprecht, 2011,『歴史と解釈学―《ベルリン精神》の系譜学』知泉書館, 2012年,『人文学概論』知泉書館，2014年，トレルチ『信仰論』教文館，1997年，グラーフ『トレルチとドイツ文化プロテスタンティズム』共訳，聖学院大学出版会，2001年，バルト『十九世紀のプロテスタント神学 中・下』共訳，新教出版社，2006-2007年，アウグスト・ベーク『解釈学と批判―古典文献学の精髄』知泉書館，2014年，グラーフ編『キリスト教の主要神学者 下』共訳，教文館，2014年ほか。

〔『キリスト教信仰』の弁証〕 ISBN978-4-86285-214-4

2015年8月 5日 第1刷印刷
2015年8月10日 第1刷発行

訳 者 安 酸 敏 眞
発行者 小 山 光 夫
製 版 ジ ャ ッ ト

発行所 〒113-0033 東京都文京区本郷1-13-2
電話03(3814)6161 振替00120-6-117170
http://www.chisen.co.jp
株式会社 知 泉 書 館

Printed in Japan 印刷・製本／藤原印刷

人名索引

アリストテレス（Aristoteles）
35, 172
イエス（Jesus）　56, 71, 73f., 80, 94, 106, 121f., 141, 148, 154, 171–74
ヴォルフ（Wolff, Christian）
49, 114, 117, 146
ウムブライト（Umbreit, Friedrich Wilhelm Karl）　138
ウルマン（Ullmann, Karl）　138
エウセビオス（Eusebius von Cäsarea）　139

カント（Kant, Immanuel）　117
ギーゼラー（Gieseler, Johann Karl Ludwig）　138
クライバー（Klaiber, Christoph Benjamin）　13f., 41, 140, 169f.
コッツェブー（Kotzebue, August Friedrich Ferdinand von）
156

ザック（Sack, Karl Heinrich）
79, 81, 110f., 138
ザント（Sand, Karl Ludwig）
156f.
シェリング（Schelling, Friedrich Wilhelm Joseph von）　12, 39f., 90, 129
シャトーブリアン（Chateaubriand, François René de）　90
シュヴァイツァー（Schweizer, Alexander）　138
シュヴァイツァー（Schweitzer, Albert）　173f.
シュヴァルツ（Schwarz, Friedrich Heinrich Christian）　108
シュトイデル（Steudel, Johann Christian Friedrich）　16, 30, 79, 119–21, 130, 139
シュミット（Schmidt, Heinrich Johann Theodor）　140
シュライアマハー
（Schleiermacher, Friedrich Daniel Ernst）　15, 135–46, 148–51, 153–75, 177–82
シュルツ（Schulz, David）　82
ショット（Schott, August Friedrich）　120
スピノザ（Spinoza, Baruch von）
39, 42–44, 46, 141, 149, 169–71
ゼムラー（Semler, Johann Salomo）
22
ソクラテス（Sokrates）　122

チルナー（Tzchirner, Heinrich Gottlieb）　20f., 25, 39, 90, 139
デ・ヴェッテ（De Wette, Wilhelm Martin Leberecht）　137, 156f.
デューク（Duke, James）　177
デルブリュック（Delbrück, Johann Friedrich Ferdinand）　13, 41–45, 83, 103, 138f., 170f.
トヴェステン（Twesten, August Detlev Christian）　123f., 138
ドルナー（Dorner, Isaak August）　138

ニッチュ（Nitzsch, Karl Immanuel）　13, 38, 48, 58, 123, 138
ネアンダー（Neander, Johann August Wilhelm）　137

ハーゼ（Hase, Karl August）　40
バウア（Baur, Ferdinand Christian）　13f., 92, 94, 105–07, 120, 133, 139f., 171f,
パウロ（Paulus）　72
ハルナック（Harnack, Adolf von）　157
ヒンリヒス（Hinrichs, Hermann Friedrich Wilhelm）　158
ファーレイ（Farley, Edward）　iv, 181
フィオレンツァ（Fiorenza, Francis S.）　177
フィヒテ（Fichte, Johann Gottlieb）　43, 114, 117, 171
フォーストマン（Forstman, H. Jackson）　iv, 181
プラトン（Platon）　122, 150
ブラニス（Braniß, Christlieb Julius）　35, 37, 140, 172
フリース（Fries, Jakob Friedrich）　114–16
ブレトシュナイダー（Bretschneider, Karl Gottlob）　16–18, 21, 31–33, 40, 139f.
ベーク（Boeckh, August）　180
ヘーゲル（Hegel, Georg Wilhelm Friedrich）　140, 155–58, 160f., 164–67
ベーメ（Böhme, Christian Friedrich）　140

マールハイネケ（Marheinecke, Philipp Konrad）　40
マタイ（Matthäus）　82
ムーラート（Mulert, Hermann）　136
メッテルニヒ（Metternich, Klemens Welzel Lothar）　151
モーセ（Moses）　68, 79

ヤコービ（Jacobi, Friedrich Heinrich）　12, 129
ヨハネ（Johannes）　64, 72, 82, 139, 173f.

ライプニッツ（Leibniz, Gottfried Wilhelm） 49, 117
ライマー（Reimer, Georg Andreas） 135
リュッケ（Lücke, Gottfried Christian Ferdinand） 1, 135–39, 148, 150, 167, 170, 174
ルスト（Rust, Isaak） 13, 139
ルター（Luther, Martin） 23, 55, 158
レール（Röhr, Johann Friedrich） 94, 140
ローテ（Rothe, Richard） 138

事 項 索 引

サ　行

タ 行

ハ 行

マ・ヤ　行

ラ・ワ　行

注

第一の書簡

1）Vgl. z. B. *Über die Religion. Reden an die Gebildeten unter ihren Verächtern*, 2. Aufl. (Berlin: Realschulbuchhandlung, 1806), IV-VII (ed. B. Pünjer, Braunschweig: C. A. Schwetschke und Sohn, 1879, IXXI); *Monologen. Eine Neujahrsgabe*, 2. Aufl. (Berlin: Realschulbuchhandlung, 1810), Vorrede (ed. F. Schiele/ H. Mulert, 3. Aufl., Hamburg: Felix Meiner Verlag, 1978).

2）Vgl. Christlieb Julius Braniß, *Ueber Schleiermachers Glaubenslehre; ein kritischer Versuch* (Berlin: Duncker und Humblot, 1824), 197. クリストリープ・ユリウス・ブラニス（Christlieb Julius Braniß, 1792-1873）は，ブレスラウ大学哲学教授で，おもに論理学や形而上学に関する著作を残している。

3）Vgl. Ferdinand Delbrück, *Christenthum. Betrachtungen und Untersuchungen. Dritter Theil. Enthaltend Erörtungen einiger Hauptstücke in Dr. Friedrich Schleiermacher's christlicher Glaubenslehre* (Bonn: Adolf Marcus, 1827), 48-51. ヨーハン・フリードリヒ・フェルディナント・デルブリュック（Johann Friedrich Ferdinand Delbrück, 1772-1848）は，ホメロスの宗教に関する学位論文でハレ大学から博士号を取得し，ベルリンのギムナジウム教師ならびに皇太子の家庭教師をしたのち，1818 年ボン大学教授に就任。彼がシュライアマハーとの論争に従事したのは，このボン大学時代にあたっている。

4）Vgl. Heinrich Gottlieb Tzschirner, *Briefe eines Deutschen an die Herren Chateaubriand, de la Mannais und Montlosier über Gegenstände der Religion und Politik,* ed. W. T. Krug (Leipzig: Johann Ambrosius Barth, 1828), 28-29. ハインリヒ・ゴットリープ・チルナー（Heinrich Gottlieb Tzschirner, 1778-1828）は，1800 年ヴィッテンベルク大学哲学部教授，のちに神学部教授となり，09 年ライプツィヒ大学神学部教授に就任した。当時のロマン主義のカトリック復古志向に反対して，カントの線に沿った批判的超自然主義の代表者として，合理的神

学の権利を論証しようとした。また，優れた説教家としても知られた。

5） Vgl. Isaak Rust, *De nonnullis, quae in theologia nostrae aetatis dogmatica desiderantur* (Erlangen: Kunstmann, 1828), 65. イーザーク・ルスト（Isaak Rust, 1796-1862）は，1827年エアランゲンでフランス人のための改革派教会牧師となり，30年エアランゲン大学員外教授，31年同教授に就任した。

6） Vgl. Karl Gottlieb Bretschneider, *Ueber die Grundansichten der theologischen Systeme in den dogmatischen Lehrbüchern der Herren Professoren Schleiermacher und Marheinecke, so wie über die des Herrn Dr. Hase*, in *Handbuch der Dogmatik der evangelisch-lutherischen Kirche*, 3. Aufl., Bd. 1 (Leipzig: Johann Ambrosius Barth, 1828), 68-69. カール・ゴットロープ〔ゴットリープ〕・ブレトシュナイダー（Karl Gottlob [Gottlieb] Bretschneider, 1776-1848）は，1816年以降ゴータの総監督を務めた人物で，シュライアマハーが二通の書簡のなかで反論を試みている主要な論敵のひとり。合理主義的・超自然主義的神学の最も重要な代表者で，当時の思弁的傾向の強い神学に反対し，聖書研究においても批判的方法の必要性を説いた。Vgl. Manfred Baumotte, „Liberaler Spätrationalismus. Karl Gottlieb Bretschneider (1776-1848)," in *Profile des neuzeitlichen Protestantismus*, Bd. 1. *Aufklärung, Idealismus, Vormärz,* herausgegeben von Friedrich Wilhelm Graf (Gütersloh: Gütersloher Verlagshaus Gerd Mohn, 1990), 202-232.

7） デルブリュックのことであるが，それは彼が，たとえば，シュライアマハーが信奉していると思しき汎神論は倫理的な責任感情を台無しにする，と主張したからである。Vgl. Delbrücke, *Christenthum* 3, z. B. V-XII. 190.

8） S. V. は summe venerandus（最高に尊敬すべき〔人〕）の略語。

9） Vgl. Ferdinand Christian Baur, *Primae rationalismi et supranaturalismi historiae capita potiora pars II, in qua comparatur Gnosticismus cum Schleiermacherianae theologiae indole* (*Osterprogramm*) (Tübingen: Hopferi de l'Orme, 1827), 21-29. これはバウアの学位請求論文（Inaugraldissertation）の一部をなしており，シュライアマハーの神学を深く論究し，とりわけそのキリスト論をキリスト教的グノーシス主義の一形式として厳しく批判している。バウアのこの重要な論

文が「イースタープログラム」(Osterprogramm) と呼ばれているのは，その部分（第二部）が 1827 年の復活節に刊行されたからである。第一部と第二部は，„Selbstanzeige“ として，*Tübinger Zeitschrift für Theologie* , I (1828), 220-264 に再録されている。ここではとくに 254-260 頁を参照されたい。

10) Johann Heinrich Theodor Schmid, „Ueber das Verhältniß der Theologie zur Philosophie,“ in *Für Theologie und Philosophie. Eine Oppositionsschrift*, Neue Folge Bd. 1/1 (Jena 1828), 57-58. ちなみに，ハインリヒ・ヨーハン・テオドール・シュミット（Heinrich Johann Theodor Schmidt, 1799-1836）は，1830 年ハイデルベルク大学哲学教授に就任した人で，ヤーコプ・フリードリヒ・フリースの友人として，フリース学派の公的機関紙である *Für Theologie und Philosophie. Eine Oppositionsschrift* の編集に携わった。

11) フリードリヒ・ヴィルヘルム・ヨーゼフ・フォン・シェリング（Friedrich Wilhelm Josepf von Schelling, 1775-1854）。ドイツ観念論を代表する哲学者の一人。1790-95 年テュービンゲン大学で哲学と神学を学び，ヘーゲルおよびヘルダーリンと親交をもつ。早熟の天才として，早くも 1798 年にイェーナ大学に招かれ，そののちヴュルツブルク大学，エアランゲン大学，ミュンヘン大学，ベルリン大学教授などを歴任。代表作は『先験的観念論の体系』*System des transzendentalen Idealismus* (Tübingen: J. G. Cotta'sche Buchhandlung, 1800),『人間的自由の本質』*Philosophische Untersuchungen über das Wesen der menschlichen Freiheit* (Landshut: Philipp Krüll,1809), など。

12) Bretschneider, *Grundansichten*, 12-14; Tzschirner, *Briefe eines Deutschen*, 29.

13) フリードリヒ・ハインリヒ・ヤコービ（Friedrich Heinrich Jacobi, 1743-1819）。ドイツの文人哲学者。感性的な直接的明証性において外界の実在性が信じられるように，神・自由・霊魂の不死は信仰によって，すなわち内的感情の直接的明証性において捉えられるとして，≪信仰哲学≫（Glaubensphilosophie），≪感情哲学≫（Gefühlsphilosophie）を説いた。レッシングの「スピノザ主義告白」（？）を暴露して，モーゼス・メンデルスゾーンとの「汎神論論争」を招いたことでも知られる。彼の学説は，哲学上はドイツ観念論に，神学上はシュライアマハーに道を開いたという見方ができる。Vgl. Friedrich Heinrich

Jacobi, *Werke*, Gesamtausgabe herausgegeben von Klaus Hammacher und Walter Jaeschke, Bd. 1, 1-2, *Schriften zum Spinozastreit*, herausgegeben von Klaus Hammacher und Irmgard-Maria Piske (Hamburg : Felix Meiner, Stuttgard : Friedrich Frommann Verlag Günther Holzboog, 1998); Friedrich Heinrich Jacobi, *The Main Philosophical Writings and the Novel* Allwill, translated with an Introductory Study, Notes, and Bibliography by George di Giovanni (Montreal & Kingston : McGill-Queen's University Press, 1994).

14） Vgl. Rust, *De nonnullis*, 43-48.

15） Vgl. Bretschneider, *Grundansichten*, 29-30.　同様に，*Journal für Prediger* 67 (Halle 1825) 所収の論文 „Ueber den Begriff der Erlösung und die damit zusammenhängenden Vorstellungen von Sünde und Erbsünde in der christlichen Glaubenslehre des Hrn Prof. Dr. Schleiermacher“ の 13 頁参照。

16） キュレネ派（Kyrenaiker）とは，紀元前 4 世紀に設立された極端な快楽主義の学派のこと。その名は設立者のアリスティッポス（Aristipp von Kyrene）の出生地キュレネに由来する。

17） Vgl. Rust, *De nonnullis*, 61-62 Anm. 5.

18） ここで仄めかされている事例が具体的にいかなるものであるかは，KGA の編者にもわからないという。

19） Vgl. Delbrück, *Christenthum* 3, 120-121.

20） Vgl. Rust, *De nonnullis*, 48.

21） Vgl. Rust, *De nonnullis*, 50.

22） クリストフ・ベンヤミン・クライバー（Christoph Benjamin Klaiber, 1795-1836）のこと。彼はヴュルテンベルク生まれの神学者。1823 年から 1836 年までテュービンゲン大学教授を務め，その後はオーデル川の河口都市シュテンティンで牧会に従事した。超自然主義陣営の擁護者として健筆を揮った。「第二の書簡」でシュライアマハーが「ヴュルテンベルクの神学者」として引き合いに出すのは，彼のことである。彼の名前は RE（*Realencyklopädie für protestantische Theologie und Kirche*）にも，RGG（*Religion in Geschichte und Gegenwart*）にも，TRE（*Theologische Realenzyklopädie*）にも記載されていないので，神学史的にそれほど重要な働きはしていないと思われる。

23） Vgl. Christoph Benjamin Klaiber, „Ueber Begriff und Wesen des

Supranaturalismus, und die Versuche, ihn mit dem Rationalismus zu vereinigen," in *Studien der evangelischen Geistlichkeit Wirtembergs*, Bd. 1, Heft 1 (Stuttgart 1827), 112.

24）カール・イマーヌエル・ニッチュ（Karl Immanuel Nitzsch, 1787-1868）。神学および教会政治の両面で活躍した組織神学者。1822年ボン大学教授。1847年マールハイネケの後任としてベルリン大学教授に就任。主著『キリスト教教理体系』*System der christlichen Lehre* は，シュライアマハーの信仰論と思弁神学の要素を結合する典型的な調停神学の教義学的著作と見なされている。Vgl. Volker Drehsen, "Kirchentheologischer Vermittlung. Carl Immanuel Nitzsch (1787-1868)," in *Profile des neuzeitlichen Protestantismus*, Bd. 1. *Aufklärung, Idealismus, Vormärz,* herausgegeben von Friedrich Wilhelm Graf (Gütersloh: Gütersloher Verlagshaus Gerd Mohn, 1990), 287-318.

25）Vgl. Karl Immanuel Nitzsch, Rezension von F. Delbrück: *Christenthum* 3, in *Theologische Studien und Kritiken* 1 (Hamburg 1828), 656.

26）フェルディナント・クリスティアン・バウア（Ferdinand Christian Baur, 1792-1860）。神学者，初代教会史家。1826-60年テュービンゲン大学神学部教授をつとめ，いわゆる「テュービンゲン学派」の指導者。最初はシュライアマハー的立場に立っていたが，のちにヘーゲルの弁証法的歴史哲学の影響を受けて，原始キリスト教の展開を，定立としてのユダヤ的キリスト教と，反定立としてのヘレニズム的キリスト教との対立から，その総合としての初期カトリシズムへと至る展開として捉えた。シュライアマハーの『信仰論』には否定的な態度をとったので，シュライアマハーの二通の書簡では，こうしたバウアへの反論がかなりの比重を占めている。バウアについては，訳者のヴァンダービルト大学時代の恩師ピーター・C・ホジソン博士の下記の書物が，今日でも最も包括的かつ標準的である。Vgl. Peter C. Hodgson, *The Formation of Historical Theology: A Study of Ferdinand Christian Baur* (New York: Harper & Row, 1966). 邦語文献としては，拙訳のカール・バルト『十九世紀のプロテスタント神学　下』（カール・バルト著作集 13）新教出版社，2007年，115-132頁参照。

27）Vgl. *Osterprogramm*, 15-21.

28）Vgl. Klaiber, *Begriff,* 113-114.

29） シュライアマハーは『信仰論』第一版第 114 項の 2（第二版では第 93 項の 3 に改訂されている）において，罪によって台無しになった人間本性が完全な原型（すなわち救済者と救済の純粋な理念）をもたらすことができたであろう，ということを否認している。人間がこれをなすことができなかったので，キリストが歴史的人格として出現せざるを得なかった，というわけである。バウアは『テュービンゲン時報』第一巻 251 頁において，シュライアマハーはキリストのなかに，たとえ絶対的ではないとしても，奇跡を仮定するので，人間がその理念を生み出す能力をもつようになったことのなかに，同じように奇跡が存在することができたのであるとシュライアマハーに反論し，そしてそのことを通して，シュライアマハーにおいては本質的に理念的なキリストが問題である，という彼の前提は強固にされるのである。

30） 『ヴュルテンベルク福音主義聖職者研究』*Studien der evangelischen Geistlichkeit Wirtembergs* 誌は誤って 213 頁としている。シュライアマハーによって意図された『信仰論』初版の第 121 項の 1（KGA I. Abt. Band 7/2, 67）は，第二版の第 100 項の 3 の末尾にある「経験的見解」の論駁のなかに部分的に保持されている（KGA I. Abt. Band 13,2, 111）。

31） Vgl. [Anonym] Bemerkungen über die Lehre von der Gnadenwahl, in Beziehung auf D. Schleiermacher's Abhandlung im 1. Heft der von ihm, de Wette u. A. herausgegebenen Zeitschrift, in *Studien der evangelischen Geistlichkeit Wirtembergs*, Bd. 1, Heft 1 (Stuttgart 1827), 175.

32） Vgl. Baur, *Osterprogramm*, 13.

33） Vgl. Baur, *Osterprogramm*, 26 Anm., „Selbstanzeige," 257 und 275: „1. Der absolute Gott im strengesten Sinn. 2. Gott, sofern in ihm noch keine Beziehung auf Christus und den Erlöser ist. 3. Gott in Christus, oder die durch das Bewußtsein der Erlösung in Christus vollendete Idee Gottes."

34） Vgl. Baur, *Osterprogramm*, 26.

35） Vgl. Baur, *Osterprogramm*, 21.

36） ヨーハン・クリスティアン・フリードリヒ・シュトイデル（Johann Christian Friedrich Steudel, 1779-1837）。1815 年テュービンゲン大学神学部教授。26 年初代神学部長となる。A・E・ビーダーマンの弟子。

G・C・シュトルと並んで，合理的な超自然主義の代表者。『テュービンゲン神学時報』*Tübinger Zeitschrift für Theologie* (TZTH) の創刊に関与し，この雑誌を超自然主義の刻印を帯びた旧来のテュービンゲン学派の機関誌でなくすために大きな働きをした。Vgl. Friedrich Mildenberger, *Geschichte der deutschen evangelischen Theologie im 19. und 20. Jahrhundert* (Stuttgart: Verlag W. Kohlhammer, 1981), 241.

37） Johann Christian Friedrich Steudel, „Die Frage über die Ausführbarkeit einer Annäherung zwischen der rationalistischen und supranaturalistischen Ansicht, mit besonderer Rücksicht auf den Standpunkt der Schleiermacherschen Glaubenslehre, beleuchtet von Dr. J. C. F. Steudel, aus Anlaß von der Schrift: Dr. H. A. Schotts Briefe über Religion und christlichen Offenbarungsglauben, Worte des Friedens an streitende Parteien. Jena 1826," in *Tübinger Zeitschrift für Theologie* (Tübingen 1828), 1. Stück, 193-94.

38） 編集者のムーラートによれば，ここでいう訴訟（Instanz）とは異議申し立て（Einwand）のこと（つまり論理学における，一つの命題の普遍妥当性を反駁する事例のこと）である。

39） *Glaubenslehre*, 1. Aufl.（以下 CG^1 と表記）§16, 3. 内容的にほとんど変更なしに，2. Aufl.（以下 CG^2 と表記）§9, 2 の最後の段落。

40） 編集者のムーラートは，この箇所に以下のような注記を施している。「他の事例においては，単なる言葉が問題となっていないかぎり，相違はまったく調整不可能である。敬虔と宗教的認識との関係をめぐる問いにおいて，シュライアマハーをブレトシュナイダーならびにチルナーから分かつ相違は，その類のものである。ここでは宗教における主知主義（Intellektualismus）一般に対する論争がなされている」。

41） Vgl. Karl Gottlieb Bretschneider, „Ueber das Prinzip der christlichen Glaubenslehre des Herrn Prof. Dr. Schleiermacher," in *Journal für Prediger* 66 (Halle 1825), 7; *Grundansichten*, 15-16.

42） Vgl. Bretschneider, *Grundansichten*, 16.

43） Ibid.

44） 暗示されているのは，ヨアネス・カッシアーヌス（Joannes Cassianus, c.360-c.430/435）の『父祖の言葉』*Collationes Patrum*10, 3 において伝承されているサラピオンの修道士のこと。Vgl. *Nicene and Post-Nicene Fathers of the Christian Church*, Second Series, vol. XI:

Sulpitius Severus, Vincent of Lerins, John Cassian (Grand Rapid, Mich.: WM. B. Eerdmans Publishing, 1986), 402.

45） ドイツ語原文は „Und wenn ich mich nun auf das Bewußtsein der Freiheit, nämlich auch als Selbstbewußtsein berufe“ であるが，英訳書では “And if I were not to appeal also to the awareness of freedom as a self-consciousness” となっており，不要な否定辞 not が加わっている。

46） Deuterologie はギリシア語の δευτερολογία（second speech の意）に由来するドイツ語。英訳本では further reiteration と訳されている。

47） Palillogie はギリシア語の παλίλλογία（recapitulation の意）に由来するドイツ語。英訳本では単純に repetition と訳されている。

48） ハインリヒ・ゴットリープ・チルナーは，この書簡が執筆される少し前の 1828 年 2 月 17 日に，弱冠 49 歳で亡くなった。『シュライエルマッハーの神学』の訳者は，この箇所を「近年出版されたチルナーの “Briefe eines Deutschen” に」（74 頁）と訳しているが，もとになっている英語は “in the late Tzschirner's *Briefe eines Deutschen*” である。ちなみに，ドイツ語原文は „in des sel. Tzschirners Briefen eines Deutschen“ である。原文では 3 頁あとに再度 „der sel. Tzschirner“ という表現が出てくるが，“the late Tzschirner” と英訳されているこの箇所は，邦訳では「後期のチルナー」（79 頁）となっている。

49） Vgl. Tzschirner, *Briefe eines Deutschen*, 32, 37.

50） Vgl. Tzschirner, *Briefe eines Deutschen*, 36.

51） Vgl. *Kurze Darstellung des theologischen Studiums zum Behuf einleitender Vorlesungen,* 1. Aufl. (Berlin: Realschulbuchhandlung, 1811), §7, 12; ed. H. Scholz, 4. Aufl. (Darmstadt: Wissenschaftliche Buchgesellschaft, 1961), §7, 12, 13. ちなみに，シュライアマハーは，キリスト教神学を「それを所有し，用いることなしには，キリスト教会の全体を整えて指導すること，すなわち，キリスト教会の教会政治（ein christliches Kirchenregiment）が不可能となってしまうようなたぐいの学的知識，および技巧の規則（die Kunstregeln）の総体のことである」（[4]§5）といい，「最高度の宗教的関心と学的精神とが，しかもできるかぎり平衡を保って，理論と実践のために一致している」状態を，「教会指導者の理想的な姿（die Idee eines Kirchenfürsten）である」（[4]§9）としている。

52） Vgl. z. B. Johann Salomo Semler, *Versuch einer freiern theologischen*

Lehrart (Halle: Carl Hermann Hemmerde,1777), 77-78. ヨーハン・ザーロモ・ゼムラー（Johann Salomo Semler, 1725-91）は，ドイツ啓蒙期の神学者でネオロギーの代表者。1752年からハレ大学神学部教授。聖書逐語霊感説を否定して，聖書の非教理的，歴史＝批判的研究を提唱した。ちなみに，『シュライエルマッハーの神学』の訳者は，ここでも英文テクストの“the late Semler”を「後期のゼムラー」（76頁）と訳しているが，ドイツ語原文は先の注48と同様，„dem seligen Semler“である。言うまでもなく，この場合のseligはverstorben，つまり「亡き…，故…」の意味である。英語のlateにも同様の意味がある。

53） 暗示されているのは，Christoph Friedrich Ammon, *Summa theologiae christianae*, 3. Aufl. (Göttingen: H. Dietrich, 1802; ³1816), 6のこと（*s*. Anhang KGA I. Abt. Band 7/3, 221）。

54） 「マタイによる福音書」第11章25節参照。

55） Vgl. Tzschirner, *Briefe eines Deutschen*, 26, 28, 38-39, 47.

56） 注10で言及されていた *Für Theologie und Philosophie. Eine Oppositionsschrift*, Neue Folge Bd. 1/1 (Jena 1828) のこと。

57） Vgl. Schmid, *Verhältniß*, 56.

58） シュライアマハーによれば，「教理神学とは，キリスト教の教会的共同体において，ある与えられた時代に妥当する教理の連関に関する学問である」（CG¹ § 1; vgl. CG² § 19），

59） ドイツ語原文は，„Wer also von der Dogmatik verlangt, sie solle mit Beiseitsetzung alles Positives, als welches nur eine historische Einkleidung sei, nur nach der reinen Wahrheit eines allgemeinen Vernunftglaubens sei, . . .“ であるが，英訳書はこの箇所を“Therefore, anyone who demands that dogmatics should eliminate every positive element as mere historical trapping and should seek only the pure truth of a universal faith . . .”と的確に訳している。ところが邦訳書になると，「それ故に，教義学とは，すべての積極的要素を歴史主義の策略として排除すべきであり，なおかつ普遍的合理主義の信仰における真理のみを探求すべきであると要求する人たち」（79頁）となっており，まったく理解に苦しむ！これはhistorical trappingのtrapを，「わなで捉える，策略にかける」の意味に解したからであるが，ドイツ語原文のEinkleidungから明らかなように，このtrapは「服を着せる，飾り

付ける」の意味である。

なお，ここで問題となっている alles Positives――英訳では every positive elements――であるが，この positiv は „wirklich, konkret [gegeben]“ という意味なので，「積極的」とするよりも「実証的」あるいは「実定的」と訳すべきであろう。

60） Vgl. Schmid, *Verhältniß*, 70, 73.

61） Vgl. z. B. *Über die Religion*, 1. Aufl. (Berlin: Johann Friedrich Unger, 1799), 272-279; ed. Pünjer, 267-271.

62） Vgl. Schmid, *Verhältniß*, 55, 65-72.

63） シュミットは，「実証的なものを哲学のなかへ導き入れて解釈する神学者たち」の「第一の見解」(*Verhältniß*, 53)，すなわちシュライアマハーとトヴェステンの見解を叙述したのちに，さらに続けて，「それによって応用された，第二の見解は，実証的な信仰を哲学から解釈するが，それは自然哲学的な学派，とりわけヘーゲル学派において支配的である」(59) と述べている。ここに数えられるのは，ダウプ，ツィンマー，マールハイネケ，そしてルストなどである。

64） Vgl. z. B. Platon, *Definitiones* 415b. プラトンによれば，証明されないような説明は，おそらく証明されることができないが，しかしまた不必要でもある。

65） Vgl. z. B. Baur, „Selbstanzeige,“ 258; Christian Friedrich Böhme, Rezension von CG[1], in *Allgemeine Literatur-Zeitung* (Halle/Leipzig 1823), Nr. 116, Sp. 58; Karl Hase, *De fide dissertatio*, Tübingen 1823, 28; Johann Gottlieb Rätze, *Erläuterungen einiger Hauptpunkte in Schleiermachers christlichem Glauben nach dem Grundsätzen der evangelischen Kirche im Zusammenhange dargestellt* (Leipzig: Wilhelm Lauffer, 1823), 107; Rust, *De nonnullis*, 69-71; C. F. Schmid, *Tübinger Pfingstprogramm* 1826, 11-14.

66） Vgl. Klaiber, *Begriff*, 120, 123.

67） Vgl. Braniß, *Versuch*, 80-83, 90-91.

68） Vgl. Steudel, *Frage*, 100.

69） Vgl. Steudel, *Frage*, 100.

70） Vgl. Steudel, *Frage*, 101.

71） Vgl. Steudel, *Frage*, 101-102.

72） Vgl. Bretschneider, *Grundansichten*, 17-18, *Princip*, 21-22..

73） Vgl. Bretschneider, *Grundansichten,* 18, *Princip*, 19-20.

74） ドイツ語原文は，„Oder könnte wohl jemand aus meinem Worten herauslesen, daß Frieren und Schwitzen eine absolute Abhängigkeit beweisen?“ であり，この箇所の英訳は，“How could anyone possibly deduce from my statements that freezing or sweating prove an absolute dependence?” なので，まったく問題がないが，『シュライエルマッハーの神学』ではこの箇所は，「凍えるようにふるえながら，ある時は，冷や汗をかきながら，絶対依存を証明しようとしている私のいろいろな叙述から，人はいかにして可能な推論が出来るというのでしょうか。」となっている。ここに出てくる freezing or sweating つまり Frieren und Schwitzen は，すぐ上で言及されていたブレトシュナイダーの批判と関連している。すなわち，「善の観念がなければ絶対依存の感情は恐怖と戦慄でしかあり得ない」とのブレトシュナイダーの批判に対して，シュライアマハーは，「恐怖と戦慄」（Furcht und Grauen）によって「凍りつくことや冷や汗をかくこと」が絶対依存を証明することはあり得ない，と反論しているのである。

75） Vgl. Bretschneider, *Grundansichten*, 17, *Princip*, 17-18.

76） Vgl. Bretschneider, *Grundansichten*, 21, *Begriff* (*Journal für Prediger* 67), 2-3; Schleiermacher, CG[1], §§84-106.

77） Vgl. CG[1], § 80.

78） Vgl. Bretschneider, *Grundansichten*, 32-33. 同様の批判はすでに *Begriff* (*Journal für Prediger* 67), 19-20 にもみられる。

79） Vgl. KGA I. Abt. Band 7/1, 1 :「何となれば，信ぜんがために知解しようと求むるのではなく，むしろ知解せんがために信ずるのである――すなわち，信仰なき者は経験なく，経験なき者は知解することなからん」（Neque enim quaero intelligere ut credam, sed credo ut intelligam. – Nam qui non crediderit, non experietur, et qui expertus non fuerit, non intelliget. [Anselm. Prosl. 1. De fide trin. 2.]）。

80） ムーラートによれば，そのかぎりでは『神学通論』は，キリスト教という宗教の真理について確信しているキリスト教神学者にとってのみ妥当し得る。しかしシュライアマハーによれば，宗教は本質的に感情のうちに座を有しており，体験のうちに存在している。

81） Vgl. Bretschneider, *Grundansichten*, 65-71; Schmid, *Verhältniß*, 59.

82） Vgl. Bretschneider, *Grundansichten*, 20, *Begriff* (*Journal für Prediger*

67), 2.

83) Vgl. Bretschneider, *Grundansichten*, 26.

84) Vgl. z. B. CG[1] § 116, 3.

85) Vgl. Klaiber, *Begriff*, 112-113.

86) Vgl. Baur, *Osterprogramm*, 15, 23.

87) Vgl. Niztsch, Sammelrezension von Baurs Antrittsprogramm, Osterprogramm und Selbstanzeige, *Theologische Studien und Kritiken* 1 (Hamburg 1828), 848ff.

88) Vgl. Braniß, *Versuch*, 104-108.

89) Vgl. CG[1] § 118, 3, CG[2] § 98, 1.

90) Vgl. Bretschneider, *Grundansichten*, 37-38. 同様の批判はすでに *Begriff* (*Journal für Prediger* 67), 28-30 に見られる。

91) Vgl. Braniß, *Versuch*, 194-195.

92) Vgl. Nitzsch, Rezension von Delbrück: *Christenthum* 3, in *Theologische Studien und Kritiken* 1 (Hamburg 1828), 652.

93) Vgl. ibid. 657.

94) Vgl. Tzschirner, *Briefe eines Deutschen*, 25-28.

95) Vgl. Böhme, Rezension von CG[1], in *Der Hallischen Allgemeine Literatur-Zeitung* 1823, Nr. 115-17, 49, 51, 65-66.

96) Vgl. z.B. CG[1] § 2, 2, CG[2] § 16, Zusatz.

97) フィーリプ・コンラート・マールハイネケ（Philipp Konrad Marheinecke, 1780-1846）。1805 年エアランゲン大学員外教授，07 年ハイデルベルク教授，11 年よりベルリン大学神学部教授。20 年よりベルリン三位一体教会説教者を兼任。ヘーゲルの哲学的影響を色濃く反映した 19 世紀思弁神学の代表者。ベルリンでは大学および教会でシュライアマハーの同僚であったが，ヘーゲル学派に与したために，シュライアマハーとは緊張関係にあった。主著は『キリスト教信条学』全 3 巻 *Christliche Symbolik* (1810-13)，『キリスト教教義学の基礎理論』 *Grundlehren der christlichen Dogmatik* (1819, 1827[2]) など。マールハイネケについては，拙訳のカール・バルト『十九世紀のプロテスタント神学　下』（カール・バルト著作集 13）新教出版社，2007 年，102-114 頁参照。

98) カール・アウグスト・ハーゼ（Karl August Hase, 1800-90）。ドイツの神学者で，19 世紀最大の教会史家のひとり。30 年から 83

年までイェーナ大学教授を務めた。『教会史教本』*Lehrbuch der Kirchengeschichte*（1834, 1900[12]）は久しく標準的書物として使用されたし,『福音主義的・プロテスタント的教義学』*Evangelisch-protestantische Dogmatik*（1826）や,『グノーシス, またはプロテスタント的・福音主義的信仰論』3巻 *Gnosis, oder protestantisch-evangelische Glaubenslehre*（1827-29）なども広く読まれた。Vgl. Bernd Jaeger, „Nationalliberale Geschichtstheologie. Karl August von Hase (1800-1890)," in *Profile des neuzeitlichen Protestantismus*, Bd. 2/1. *Kaiserreich*, herausgegeben von Friedrich Wilhelm Graf (Gütersloh: Gütersloher Verlagshaus Gerd Mohn, 1992), 118-145.

99） Vgl. Bretschneider, *Grundansichten*, 12-14.

100） Vgl. Klaiber, *Begriff*, 102.

101） Vgl. Klaiber, *Begriff*, 103.

102） Vgl. *Über die Religion*, 3. Aufl. (Berlin: G. Reimer, 1821), 37, Erläuterung 2; ed. Pünjer, 29: „Denn indem sie sich selbst sagen, daß in Gott nichits entsegengesetzt, getheilt, vereinzelt sein kann . . . ."

103） Vgl. *Über die Religion*, 3. Aufl., 5; ed. Pünjer, 4: „Ihr wißt, daß die Gottheit durch ein unabänderliches Gesez sich Selbst genöthigt hat, ihr großes Werk bis ins Unendliche hin zu entzweien, ...".

104） Vgl. CG^1 § 15,5: es "muß zugegeben werden, daß die Frömmigkeit eines Pantheisten völlig dieselbe sein kann, wie die eine Monotheisten" (also schärfer formuliert als CG^2 § 8, Zusatz 2).

105） Vgl. *Über die Religion*, 3. Aufl., 69, 167, 178-180; ed. Pünjer, 53, 127, 135-136.

106） Vgl. Arkhimedes, *Vitruvius, De Architectura*, IX, 3. Eureka は,「発見に伴う感嘆の叫び」を意味するギリシア語である（cf. *The New Dictionary of Cultural Literacy* [Boston & New York: Houghton Mifflin Company, 2002], 66, 475)。これはアルキメデスが今日彼の名前が冠せられている原理を発見したときに, 思わず発した「見つけたぞ」「わかったぞ」という言葉に由来している。プルタルコス, 戸塚七郎訳「エピクロスに従っては, 快く生きることは不可能性であること」『モラリア 14』西洋古典叢書, 京都大学学術出版会, 1997年, 30頁参照。

107） Vgl. Delbrück, *Christenthum* 3, 110 Anm. 4. ここでデルブリュック

は，「著者がいかなる権利といかなる意味で，自分の神論はスピノザ主義的ではない，と言うことができるかは，この編成から明らかになる」，とたしかに述べている。

108）シュライアマハーはスピノザ主義の嫌疑をかけるデルブリュックに対して，1826年11月22日付のガス宛ての書簡において，自己の立場を弁明したが（*Aus Schleiermachers Leben, In Briefen*, 4 Bdn, herausgegeben von Wilhelm Dilthey [Berlin: Georg Reimer, 1861-63], 4: 357-61），最初と最後の部分を除くこの書簡は，Sack, Nitzsch, und Lücke, *Über das Ansehen der heiligen Schrift und ihr Verhältniß zur Glaubensregel in der protestantischen und in der alten Kirche. Drei theologische Sendschreiben* [⋯] (Bonn: Eduard Weber, 1827) のなかに，付録として „Erklärung des Herrn Dr. Schleiermacher über die ihn betreffenden Stellen der Streitschrift. Aus einem Briefe an einen Freund am Rhein“ というタイトルで再録されている（同書213-26頁所収）。シュライアマハーがここで言及しているのは，この付録のことである。

シュライアマハーはそこで，デルブリュックが『宗教論』第三版に含まれている重要な注記を見過ごしている，と反論している。というのは，その注によれば，『宗教論』第一版におけるスピノザ讃美は，その時代の散文が「無神論的」と呼んだ人物が，キリスト教的敬虔ではないとしても，敬虔に満たされていることを称賛しただけのことであり，スピノザの哲学体系を擁護したものではなかったからである。そしてもし自分のことをスピノザ主義者あるいは汎神論者だと言うのであれば，延長実体としての神，身心の並行，神の無私の愛などといったスピノザ主義の思想的特質が，自分の著作のどこに見出せるのか指摘して欲しいものだと，シュライアマハーは迫ったのである。

109）Vgl. CG^1 §§64-68.

110）Vgl. Delbrück, *Christenthum* 3, 96-97.

111）英訳書は Ichheitler を an idealist，All-Einheitler を a pantheist と訳しているが（Vgl. *On the Glaubenslehre*, 49），前者はフィヒテの自我哲学の信奉者を，後者は全一者を説くスピノザの汎神論の信奉者を言い表わす用語であることは，前後の文脈から明らかであろう。

112）Vgl. CG^1 §§181-185.

113）デルブリュックは，*Christenthum* 3, 100 において，「われらが神

は創造し給うたものを／また保持しようと欲し給う／すべてのものを神は朝に夕に／恵みをもって統治しようと欲し給う」（Was unser Gott geschaffen hat,/ Das will er auch erhalten,/ Darüber will er früh und spat/ Mit seiner Gnade walten.）という有名な詩は，シュライアマハーの意味においては，つぎのように改作されなければならない，と主張する。すなわち，「神は創造し給わなかったものすらも／保持し給わねばならぬ／すべてのものを神は朝に夕に／全能をもって統治し給わねばならぬ」（Auch, was Gott nicht geschaffen hat,/ Das muß er doch erhalten,/ Darüber muß er früh und spat/ Mit seiner Obmacht walten.）。

114） Vgl. CG[1] § 68, 3-5.

115） Vgl. Brief vom 2. Januar 1827 (*Briefe* 4, 371-377).

116） Vgl. Delbrück, *Christenthum* 3, 155.

117） Vgl. Delbrück, *Christenthum* 3, 87-106.

118） Vgl. Delbrück, *Christenthum* 3, 87.

119） Vgl. Delbrück, *Christenthum* 3, 47.

120） Vgl. Delbrück, *Christenthum* 3, VII.

121） 要するに，シュライアマハーが神のうちにおけるあらゆる必然性にも，あらゆる動揺にも反対だと表明したということ。

122） Vgl. Nitzsch, Rezension von Delbrück: *Christenthum* 3, in *Theologische Studien und Kritiken* 1 (Hamburg 1828), 656.

123） Vgl. *Predigten von Schleiermacher* (Berlin: Realschulbuchhandlung, 1801); SW II/1, 3-181.

124） Vgl. CG[1]§§1,2, 29,3 (KGA I/7.1, 11,8-14, 102,29-39).

125） Divination/ divinatorisch という概念は，通常，「予覚／予覚的」あるいは「予見／予見的」と訳されるが，一般的にこの概念は，既知のものからの推論とは異なる，未知のものへのある種の予知的直観を意味する。「予見的な非正統主義」とは，それゆえ、現在のところはまだ非正統的と見なされているが，いずれ正統的なものとして認知されると予見される立場を，言い表していると思われる。シュライアマハーにおける用法に関しては，拙著『歴史と解釈学――≪ベルリン精神≫の系譜学』（知泉書館，2012 年），64-67 頁参照。

なお，この概念により大きな明示性と学術的意義を与えたのは，シュライアマハーの衣鉢を継ぐルドルフ・オットー（Rudolf Otto, 1869-1937）である。彼は主著『聖なるもの』において，予覚

（Divination）とは，聖なるものが出来事や人物など歴史事象をとおして自己表現したもの，つまり「顕外化した聖なるものを真なるものとして認識し承認することのできる能力」と定義している（オットー，久松英二訳『聖なるもの』岩波文庫，2010年，287頁）。
126）「コリント人への第二の手紙」第5章第17節。

第二の書簡
1）「第一の書簡」8～10頁参照。[Vgl. Erstes Sendschreiben 8f. (KGA I. Abt. Band 10, 311,6-312,10)]
2）『信仰論』は二部に分かれており，第一部は「すべてのキリスト者によって前提され保持されている宗教的感情の発展について」取り扱い，第二部は「罪と恩寵の対立に規定されている宗教的自己意識の事実の説明」を提示している。両者ともキリスト教の宗教的自己意識を形成する要素について言及しているので，キリスト教教義学に含まれる価値がある。第一部はその自己意識を前提しているが，しかしそれはキリスト教に特有な経験の特殊的内容から抽象される（CG^2 §32,1）。
それゆえ，シュライアマハーは，第一部には他の信仰の教理と表現の上で容易に一致するような教理が含まれており，神学的信仰と審美的信仰との区別を度外視すれば，単に唯一神教一般を表現するような教理も含まれることを認める（CG^2 §29,2）。しかしその部分が「普遍的あるいは自然的神学」でないのは，諸命題が宗教的自己意識そのものから生じており，また罪と恩寵の対立によって特殊化された，キリスト者の宗教的自己意識のなかで生起するものだからである。実際，この部分における素材の配列は，「キリスト教に特有なもの」（das eigentümlich christliche）を反映している（ibid.）。

シュライアマハーによれば，二つの部分を逆にして，罪と恩寵の対立に規定されている宗教的自己意識についての議論で始め，つぎにキリスト者の生に含まれているものによって前提されている，宗教的自己意識の説明がそれに続くというやり方も可能である。この逆転はそれぞれの部分で取り扱われるトピックの再構成を伴うであろうが，著作の内容そのものを変更することにはならないであろうという。
3）ハイデルベルク教理問答（*Heidelberger Katechismus*）とは，1563

年，バイエルンのプファルツ領邦選帝侯フリードリヒ3世が，ハイデルベルクの神学者ウルジヌスとオレヴィアヌスに委嘱して作成させた，ドイツ改革派教会の教理問答のこと。幾つかある教理問答のなかでも傑出したものとして，現在各国の改革派教会で，洗礼・堅信礼準備のテクストとして用いられている。構造は新約聖書「ローマ人への手紙」にのっとり，第1部「人間の悲惨について」，第2部「人間の救いについて」，第3部「感謝について」の三部からなる。Vgl. *The Creeds of Christendom,* with a History and Critical Notes, edited by Philip Schaff, revised by David S. Schaff, 6th ed , vol. III: *The Evangelical Protestant Creeds* (Grand Rapids, Mich.: Baker Books, 1996), 307-355.

4） ハイデルベルク教理問答は，罪論と救済論から始まっている。

5） 「使徒行伝」第4章第12節：「この人による以外に救いはない。わたしたちを救いうる名は，これを別にしては，天下のだれにも与えられていないからである」。

6） Vgl. CG[1] § 39.

7） Antiklimax〔漸降法〕とは，修辞学における文体論上の術語で，「より強い表現からより弱い表現へと，あるいはより重要なものからより重要でないものへと移行する」ことをいう。

8） Vgl. Braniß, *Versuch*, 137-140; Bretschneider, *Princip*, 1.

9） Vgl. z. B. Baur, *Osterprogramm* 3-5; Tzschirner, *Briefe* 29.

10） Vgl. insbesondere Christian Friedrich Böhme, Rezension von CG[1], in *Allgemeine Literatur-Zeitung* (Halle/Leipzig 1823), Nr. 115-117, Sp. 49-54, 57-63, 65-72.

11） Vgl. Nitzsch, Rezension von Delbrück: *Christenthum* 3, in *Theologische Studien und Kritiken* 1 (Hamburg 1828), 657.

12） このくだりは，ガリラヤのカナにおける婚礼の際に，イエスが水をぶどう酒に変える奇跡を行ったエピソードを背景としている。「ヨハネによる福音書」第2章第9-10節：「料理がしらは，ぶどう酒になった水をなめてみたが，それがどこからきたかを知らなかったので，（水をくんだ僕たちは知っていた）花婿を呼んで言った，『どんな人でも，初めによいぶどう酒を出して，酔いがまわったころにわるいのを出すものだ。それだのに，あなたはよいぶどう酒を今までとっておかれました』。」

13） Vgl. CG[1] § 33,1.2.

14） Vgl. CG[1] § 33,1.
15） Vgl. Delbrück, *Christenthum* 3, 90-106.
16） Vgl. CG[1] §§176-179. ここでは，「第一の預言の教理」として「キリストの再臨について」（§ 176），「第二の預言の教理」として「肉の復活について」（§ 177），「第三の預言の教理」として「最後の審判について」（§ 178），そして「第四の預言の教理」として「永遠の至福と永劫の罰について」（§ 179）論じられている。
17） この箇所を正確に読み解くには，かなり高度の読解力が必要である。ドイツ語原文は，„Denn daß sie es beide bei den prophetischen Lehrstücken hernach doch wieder genau nahmen, wie schnell sie auch das Frühere überschlagen hatten, das verdanke ich der natürlichen Neugierde des den Tod fürchtenden Kindes in uns.“ であるが，英訳はこれを “They were just as quick to take the prophetic doctrines literally as they were pass over the earlier materials, and I attribute their haste to the natural curiosity of the child in us who fears death.” と意訳している（57-58）。参考までに日本語訳を覗いてみると，「この二つの反応を示した人々は，預言者についての教えのところまで読み進めた時に，（筆者の神学的構成の意図に初めて気がつき）すぐさまそれ以前の箇所（序説と第一部）を手のひらを返したように評価し直しました。彼らの様子は，恐れながらも死への好奇心をもっている（いわゆる怖いもの見たさの）子ども達のようです。」（109 頁）
残念ながら，筆者にはまったく意味不明と言わざるを得ない。なぜシュライアマハーは「われわれのなかにある死を恐れる子供の自然的好奇心」に，ここでいきなり言及しているのであろうか。なぜ英訳者は “as quick … as” や “haste” といった表現を用いて意訳しているのであろうか。

上の文章を理解する上でのひとつの手掛かり——それはまた誤解の大きな原因ともなるが——は，prophetisch という語の意味である。これは邦訳書がそう解したように，「預言者の」という意味もある。その場合には，通常，旧約のイスラエル預言者および預言者思想が意味されている。しかしここでは，注 16 で示したように，歴史の終末に関する新約聖書の「預言」のことが意味されている。だが，キリストの再臨，肉の復活，最後の審判，永遠の至福と永劫の罰といった終末論的表象は，シュライアマハーの時代の多くの神学者にとっては，

もはや字義通りに（literally）受け取るのが困難になっていた。それゆえ，CG[1] §§176-179 を読んだ読者，とりわけ近代的知性の持ち主は，まったく当惑したに相違ない。彼らが序論と第一部から得ていた著者の印象（スピノザ主義者，汎神論者）と，この箇所が与える著者の印象（あまりにも教会信仰的）とが乖離しているからである。

しかし新約聖書の終末論的預言がたとえ神話論的表象であり，いかに荒唐無稽であるように思われても，彼らがそれを一笑に付すことができないのは，誰しも生まれながらにして死に対する恐怖心と，死後の生に対する好奇心をもっているからである。実際，かかる恐怖心と好奇心ゆえに，近・現代人も終末の預言を完全には無視できないのである。シュライアマハーがここで「われわれのなかにある死を恐れる子供の自然的好奇心」に言及しているのは，おそらくそのことを言わんがためである。いずれにせよ，哲学的・思弁的命題を多く含む最初の部分をぞんざいに――英訳者はそれを quick とか haste という語で言い表わそうとしている――読んでいた読者が，この「預言の教理」を読んで，ふたたび序論と第一部を真剣に受け止め直してくれたことに，シュライアマハーはここで感謝している。以上のように理解して初めて，„das verdanke ich der natürlichen Neugierde des den Tod fürchtenden Kindes in uns“ は意味が通ずるし，またここで取り上げた文章全体も理解できるように思われる。

18） Vgl. z. B. Böhme, Rezension 54; Tzschirner, *Briefe*, 27-29.

19） Vgl. CG[1] § 31 Zusatz.

20） collegium pietatis とは，聖書の研究，祈り，親睦などのために集まる教会員のグループを指している。18 世紀から 19 世紀にかけてそのようなグループを形成することは，敬虔主義の教会改革の一部をなしていた。

21）「そして言は肉体となり，わたしたちのうちに宿った。わたしたちはその栄光を見た。それは父のひとり子としての栄光であって，めぐみとまこととに満ちていた。」

22）「創世記」第 1 章第 3-31 節参照。

23） ドイツ語原文は，ここから約 1 頁少々，敬称の Sie ではなく，親称の ihr が用いられている。その意図は詳らかではないが，一応敬称の Sie と区別するために，「君たち」と訳出することにする。

24） エビオン派とは，2 世紀前半以後，ヨルダン東岸で活動したと思

われるユダヤ人キリスト教徒のこと。ときに「ナザレ派」と呼ばれることもある。彼らの思想のきわだった特徴は，イエスの処女降誕および受洗以前の神性の否定，菜食主義の傾向，律法の厳格な遵守，パウロの否定などであるが，正統派教会からは異端と宣告された。

25） Vgl. Philipp Marheinecke, *Die Grundlehren der christlichen Dogmatik als Wissenschaft*, 2., völlig neu ausgearbeitete Aufl. (Berlin: Duncker und Humblot, 1827), 188-189:「神の受肉の可能性は，すでにそれ自体が，神的本性と人間的本性が即自的に分離されていないことを示している」（§319）。「人間的本性の真理が神的本性であるように，神的本性の現実性は人間的本性である」（§320）。

26） Vgl. Marheinecke, *Die Grundlehren der christlichen Dogmatik als Wissenschaft*, 193:「神と人間とのこの一体性は，一つの出来事としては，あるいは歴史的には，イエス・キリストの人格において啓示され現実的となっている。彼において神的啓示は完全に人間的となったのである」。

27） Vgl. Marheinecke, *Die Grundlehren der christlichen Dogmatik als Wissenschaft*, 196:「しかし絶対的な神の子であるイエス・キリストと，彼を介して神の子となったわれわれとの間の，同一性と差異という表象に含まれる真理は，その確実性をこの表象それ自体のうちにもっているのでも，その表象が含まれている聖なる言葉や書物のうちにもっているのでもない。そうではなく，それはその確実性を，神と人間の理念という概念のうちに，あるいはそこからその表象がきわめて多様な形式であらゆる伝統のうちにも存在しているところの，知識のうちにもっている」（§328）。ここでは単にマールハイネケだけでなく，間接的にはその背後に控えているヘーゲルに対する批判も仄めかされている。

28） 「ヨハネによる福音書」第6章第45節：「預言者の書に，『彼らはみな神に教えられるであろう』と書いてある。父から聞いて学んだ者は，みなわたしに来るのである。」

29） Esoterik/ esoterisch と Exoterik/ exoterisch は，宗教学的な対義語であり，一般的に前者は「秘教（的）」，後者は「公教（的）」と訳される。Esoterik はギリシア語の ἐσωτερικός（内部の，内的な）に，Exoterik は同じくギリシア語の ἐξωτερικός（外部の，外的な）に由来する語である。Esoterik という用語のもとでは，以下のような書物，

教え，実践などが総括的に捉えられる。1）宗教的なものが問題であるかぎりでは，教会の公式に言明された教理と矛盾しているもの，2）自らを知識として理解するかぎりでは，学問の認識と方法とは結びつかず，それゆえ「高次の知識」だと称するもの，3）部外者を排除した内輪の関係で極秘にやり取りされるもの，などである。古代においては，万人に接近可能な公教的書物と異なって，精通者だけを対象とした哲学的書物は，秘教的となった。秘教的な書物や教えは，一般大衆には難しすぎると見なされたり，あるいは一般的に知られると，公序良俗にとって危険だと見なされたりした。

30） Vgl. CG[1] §§43-51, 59-63.

31） Vgl. CG[1] §§61,2-4.

32） Vgl. z. B. CG[1] §§20, 21,3, 109,4, 114,2, 124,3.

33）「ルカによる福音書」第12章第37節：「主人が帰ってきたとき，目を覚ましているのを見られる僕たちは，さいわいである。よく言っておく。主人が帯をしめて僕たちを食卓につかせ，進み寄って給仕をしてくれるであろう。」参照。

34）「マタイによる福音書」第16章第3節：「あなたがたは空の模様を見分けることを知りながら，時のしるしを見分けることができないのか。」参照。

35） Vgl. Johann Christian Friedrich Steudel, „Die Frage über die Ausführbarkeit einer Annäherung zwischen der rationalistischen und supranaturalistischen Ansicht, mit besonderer Rücksicht auf den Standpunkt der Schleiermacherschen Glaubenslehre, beleuchtet von Dr. J. C. F. Steudel, aus Anlaß von der Schrift: Dr. H. A. Schotts Briefe über Religion und christlichen Offenbarungsglauben, Worte des Friedens an streitende Parteien. Jena 1826," in *Tübinger Zeitschrift für Theologie* 1828, 1. Stück, 150, 152.

36） Vgl. Karl Heinrich Sack, *Christliche Apologetik. Versuch eines Handbuchs* (Hamburg: Frieduch Perthes, 1829), 205-359. ちなみに，カール・ハインリヒ・ザック（Karl Heinrich Sack, 1789-1875）は，1810年からシュライアマハーのもとで学び，1818年ボン大学教授。主著は『キリスト教弁証学』*Christliche Apologetik*。

37） 暗示されているのはおそらく「ヨハネによる福音書」第6章第68節であろう。すなわち，「シモン・ペテロが答えた，『主よ，わたした

ちは，だれのところに行きましょう。永遠の命をもっているのはあなたです。……』」。

38） おそらく CG[1] §21,2 が暗示されている。

39） Vgl. Sack, *Christliche Apologetik,* 447.

40） Karl Gottlieb Bretschneider, *Probabilia de evangelii et epistolarum Johannis Apostoli indole et origine* (Leipzig: Johann Ambrosius Barth, 1820) のことが示唆されていると思われる。

41） ダーフィト・シュルツ（David Schulz, 1779-1854）。合理主義神学の唱道者。ハレとライプツィヒで学び，その後ハレ，フランクフルト・アン・デア・オーデル，ブレスラウで教えた。1819 年シリジアの宗務局のメンバーとなったが，保守派に対するあけすけな論争が災いして，1845 年にその職務から解雇された。

42） Vgl. David Schulz, *Der christliche Lehre vom heiligen Abendmal nach dem Grundtexte des Neuen Testaments* (Leipzig: Johann Ambrosius Barth, 1824), 302-332.

43） Vgl. CG[1] §§147-150.

44） 暗示されているのはおそらく August Hahn, *De rationalismi qui dicitur vera indole et qua cum naturalismo contineatur ratione* (Leipzig: F. C. W. Vogel, 1827) をめぐる議論であろう。

45） Vgl. CG[1] §§24-25, 30 Zusatz.

46） Vgl. CG[1] § 18,3.

47） ハイデルベルク教理問答では，15 番目の問い以下はつぎのようになっている。„Frage 15. Was müssen wir denn für einen Mittler und Erlöser suchen? (Antwort. Einen solchen, der ein wahrer und gerechter Mensch, und doch stärker denn alle Kreaturen, das ist, zugleich wahrer Gott sei.) Frage 16.: Warum muß er ein wahrer Mensch sein? (Antwort. . . ..) Frage 17. Warum muß er zugleich wahrer Gott sein? (Antwort. . . . .)“ *The Creeds of Christendom,* with a History and Critical Notes, vol. III: *The Evangelical Protestant Creeds*, edited by Philip Schaff, revised by David S. Schaff (Grand Rapid, Mich.: Baker Books, 1996), 312.

48） フェルディナント・デルブリュックは，『不滅のシュライアマハー―同人の公平な評価への寄与』*Der verewigte Schleiermacher. Ein Beytrag zu gerechter Würdigung desselben* (Bonn: Adolf Marcus, 1837), 95-96 において，シュライアマハーのこのほのめかしが，プラトンの

『パイドロス』264Dにおいて言及されているミダスの碑銘――「われは青銅の乙女　ミダスの墓の上によこたわる／水ながれ　大いなる樹の繁るかぎり／ここ　ひとみなのなげく塚の上にとどまりて／道ゆく人らにわれは告ぐ　ミダスこの地の下に眠ると」（藤沢令夫訳，『プラトン全集5　饗宴／パイドロス』，岩波書店，1974年，228頁所収）――を念頭に置いたものだと述べている。ちなみに，デルブリュックによれば，シュライアマハーは上記の詩を，以下のようなドイツ語に訳しているという。

Hier an des Midas Grab erblickt du mich eherne Jungfrau;
Bis mich Wasser mehr fließt, noch erblühn hochstämmige Bäume,
Muß ich verweilen allhier an dem viel betränеten Denkmal,
Daß auch der Wanderer wisse, wo Midas liege begraben.

49） Vgl. Tzschirner, *Briefe eines Deutschen*, 29.

50） フランソワ・ルネー・ド・シャトーブリアン（François René de Chateaubriand, 1768-1848）。フランスの作家，政治家。1802年に『キリスト教の精髄』*Génie du christianisme* (Paris: Migneret, 1802) を著して，キリスト教こそが何よりも詩的・人間的で，芸術にふさわしい宗教であることを論じた。

51） Vgl. Tzschirner, *Briefe eines Deutschen*, 25-29.

52） Vgl. Baur, *Osterprogramm*, 7-13.

53） Vgl. CG[1] §34,3（第二版では§30,3。但し，ここでは „Lehrgebäude“ という表現はもはや用いられていない。しかし§20, 2にはこの表現が見出される）。

54） Vgl. CG[1] §1, 1 am Schluß, auch 29, 3.

55） バウアのテュービンゲン大学学位請求論文 *Primae rationalismi et supranaturalismi historiae capita potiora* の第二部（*Pars II. Comparatur Gnosticismus cum Schleiermacherianae theologiae indole*）は，1827年の復活節に刊行されたので，「イースタープログラム」（Osterprogramm）と呼ばれている（「第一の書簡」の注9を参照のこと）。

56） Vgl. Baur, *Osterprogramm*, 9.

57） テュービンゲン学派（Tübinger Schule）とは，一般的には，19世紀前半にテュービンゲン大学神学部で形成された学派を指し，これにはクリスティアン・バウアを頭目とするプロテスタントの学派と，

メーラー，J・ヒルシャー，J・G・ヘルプストらによるカトリックの学派とがある。しかしここで意図されているのは，そのいずれでもなく，当時シュトイデルがその頭目であった，より古い学派のことである。バウアと他の神学者たちが，部分的にヘーゲル哲学の影響下で，この学派の超自然主義から遠ざかり，したがって本来的にはもはやその一員に数えられないということは，当時はまだ明らかになっていなかった。

58） Vgl. Johann Friedrich Röhr, Rezension von CG[1], in *Kritische Prediger-Bibliothek* 4 (Neustadt a. d. O. 1823), 382-386.

59） ここには，ディルタイが『解釈学の成立』において有名にしたあの解釈学的命題が，ほぼ原型の形で確認できる。それは「解釈学的方法の究極の目標は，著者が自分自身を理解したよりもよく著者を理解することである」（Das letzte Ziel des hermeneutischen Verfahrens ist, den Autor besser zu verstehen, als er sich selber verstanden hat）という命題であるが（Wilhelm Dilthey, *Gesammelte Schriften*, Bd. 5, 331; vgl. 335），実はこの命題――これは少なくともカントの『純粋理性批判』のなかの言説にまで遡るものである（*Kants Werke*, Akademie Textausgabe, Bd. 3, 246）――を解釈学の文脈で一つの命題に仕立てたのは，他でもないシュライアマハーである。彼は「一般解釈学」の草稿において，「著者を，著者自身よりも，よく理解するということについて」（Vom den Schriftsteller besser verstehen als er selbst）という命題を，解釈学の課題の一つとして立てている（Friedrich Schleiermacher, KGA II. Abt. Band 4, *Vorlesungen zur Hermeneutik und Kritik*, herausgegeben von Wolfgang Virmond [Berlin/ Boston: De Gruyter, 2012], 34, 75, 114）。シュライアマハーの弟子で同僚のアウグスト・ベークも，彼の『文献学的諸学問のエンツィクロペディーと方法論』のなかで，この命題について詳述している（August Boeckh, *Encyklopädie und Methodologie der philologischen Wissenschaften,* herausgegeben von Ernst Bratuscheck, zweite Auflage besorgt von Rudolf Klussmann [Leipzig: Druck und Verlag von B. G. Teubner, 1886], 87; A・ベーク，安酸敏眞訳『解釈学と批判――古典文献学の精髄』知泉書館，2014年，134頁）。

60） Vgl. Friedrich Lücke, *Commentar über die Schriften des Evangelisten Johannes*, 3 Bde. (Bonn: Eduard Weber, 1820-1825).

61） Vgl. Delbrück, *Christenthum* 3, 93-94, 109-110.

62） Vgl. Delbrück, *Christenthum* 3.

63） ドイツ語原文は „eine Mannigfaltigkeit verschiedener, zumal neuerer Darstellungen“ である。英訳者はこれを “the complex secondary literature, especially the new works” と意訳している。的確な意訳なのでこれを採用したかったが，本訳書の基本原則に従って，ここでは敢えて原文の表現をそのまま字義通りに訳出した。

64） Vgl. Baur, *Osterprogramm*, 3-5.

65） Vgl. Baur, „Selbstanzeige, “ 240.

66） Vgl. Baur, „Selbstanzeige, “ 241-242.

67） Vgl. Baur, „Selbstanzeige, “ 248-249.

68） Vgl. Friedrich Heinrich Christian Schwarz, Rezension von CG[1], in *Heidelberger Jahrbücher der Literatur* 15 (1822), 854-864, 945-980; 16 (1823), 209-226, 321-352. フリードリヒ・ハインリヒ・クリスティアン・シュヴァルツ（Friedrich Heinrich Christian Schwarz, 1766-1827）は，ギーセンで生まれ当地の大学で学んだ神学者・教育家。彼は1804年にハイデルベルク大学の神学および教育学の教授として招聘されるまで，各地で牧会に従事した。彼の教義学『教会的・プロテスタント的教義学要綱』*Grundriss der kirchlichen-protestantischen Dogmatik* (Heidelberg: Winter, 1816) は，ルター派教会と改革派教会の合同を考えて執筆されたものである。

69） Vgl. Schwarz, Rezension von CG[1], 959, 963.

70） Vgl. Schwarz, Rezension von CG[1], 962-966, bes. 965-966.

71） Vgl. CG[1] § 18 Leitsatz.

72） Vgl. CG[1] § 18,5.

73） Vgl. CG[1] § 19,3.

74） Vgl. CG[1] § 1.

75） CG[2] §§1-19 における再構成を参照のこと。

76） Vgl. *Kurze Darstellung des thelogischen Studiums*, 6-7 (§§22-27), 11-13 (§§1-12), 15-16 (§§1-6); ed. Scholz, 9-10, 13-16, 19-20.

77） ヤーコプ・フリードリヒ・フリース（Jakob Friedrich Fries, 1773-1843）。ドイツの宗教哲学者。敬虔主義の伝統に育ち，ハイデルベルク，イェーナで教鞭をとった。カントを批判的に受容し，現象的世界の背後にある観念的現実の証明はなし得ないが，この自己の鞭の

原理こそ，最高善への信仰と，美的・宗教的な調和の総体の予感への道を開くとした。主著は『知識・信仰・予感』*Wissen, Glaube und Ahndung*（Jena: J. C. G. Göpferdt, 1805）。

78） Jakob Friedrich Fries, „Bemerkungen über des Aristoteles Religionsphilosophie," in *Für Theologie und Philosophie. Eine Oppositionsschrift*, Neue Folge Bd. 1/1 (Jena 1828), 148.

79） シュライアマハーによれば，「信仰論において生ずる表現は，それが敬虔感情に遡るかぎり，たしかに固有の言語領域を，つまり教育的・宗教的な領域を形成するが，しかしこの感情がそれによって多様化され，それへと関係づけられるところのものによって，教義学的な言語領域は必然的に心理学的，倫理的，形而上学的な言語領域と関連している」（CG[1] §31,4; vgl. CG[2] §28,1）。

シュライアマハーが第二の書簡で述べた批判に対して，フリースはつぎのような含蓄に富む反論を展開している。

「シュライアマハーが，宗教の事柄における完全に庶民的な言語と教義学的な言語との間の，言語の段階づけについて述べていることには，わたしは完全に賛成するものである。わたしは彼がわたしに帰したジレンマを，言語にではなく自立的思考（Selbstdenken）に関係づける。教義学者は他者の見解をただ物語るか，あるいは自分自身の確信を言い表わす。さて，これがわたしの主張であるが，後者は哲学的な自立的思考なしには起こり得ない。そしてここで自分自身の哲学的発達を得ようと骨を折らなかった教義学者は，目下，宗教的言語の歴史的継続発展において共通のものとなったような，哲学上の学説（Philosophem）のなかでのみ思考するのである。」

Jakob Friedrich Fries, „Ueber Schleiermachers zweites Sendschreiben über seine Glaubenslehre," in *Für Theologie und Philosophie. Eine Oppositionsschrift*, Neue Folge, Bd. 2/3 (Jena 1829), 139.

80） Vgl. Immanuel Kant, *Die Religion innerhalb der Grenzen der bloßen Vernunft* (Königsberg: Friedrich Nicolovius 1793), 24-25; Akademie-Textausgabe Bd. 6 (Berlin: Walter de Gruyter, 1968), 32.

81） 意図されているのは，シュトイデルの *Frage* の第二部と結びのこと。Vgl. Steudel, *Frage*, in *Tübinger Zeitschrift für Theologie* (1828), 2. Stück, 74-120.

82） Vgl. Heinrich August Schott, *Briefe über Religion und christlichen*

Offenbarungsglauben, Worte des Friedens an streitende Partheien (Jena: Crökerschen Buchhandlung, 1826), bes. 369-377. アウグスト・フリードリヒ・ショット（August Friedrich Schott, 1780-1835）は，説教学の教師としてライプツィヒ，ヴィッテンベルク，イェナ大学で教鞭を執った。彼の主著は，*Die Theorie der Beredsamkeit, mit besonderer Anwendung auf die christliche Beredsamkeit, in ihrem ganzen Umfänge dargestellt*, 3 Tl. (Leipzig: Johann Ambrosius Barth, 1815-28).

83） Vgl. Steudel, *Frage*, 77-78.

84） Vgl. Steudel, *Frage*, 109-113.

85） 「順応」（Akkommodation）は，まず聖書に関する神学的教理のなかで概念として登場してきた。聖霊による人間的言語の使用が神的順応であるという思想は，すでに 16 世紀のフラキウス（M. Flacius, 1520-75）のなかに見出される。17 世紀における自然科学的発見や近代的思考によって，聖書の権威と理解が大きく揺らぐなかで，順応概念はますます意義を増してきた。やがてゼムラーが新約聖書の神話的表象や神学的教理の相違を説明するためにもこの概念を用いたことによって，18 世紀後半になると順応概念はすっかり広まった。かくして，イエスと使徒たちは教育的配慮から，福音の使信を当時の人々に理解可能なものとするために，その思想をその時代の人間の認識レベルや周辺世界の宗教的表象に順応させた，という順応理論が確立した。

86） これはローマ・カトリックの信者により完全な選挙権と被選挙権を認める，1829 年 4 月 13 日の「ローマ・カトリック解放法案」（Roman Catholic Relief Bill）を指している。従来から，英国のローマ・カトリックの信者は，ある程度の宗教的自由を享受してはいたが，住民の圧倒的多数がローマ・カトリックであるアイルランドに対してすら，議会で議席を占めることが拒否されていた。それゆえ，1829 年のこの法案をめぐって大きな論争が起こったが，ここではそのことが言及されているのである。

87） Vgl. Platon, *De re publica*, 4, 442E. シュライアマハーはギリシア語原文の τὰ φορτικὰ を jenes Gewöhnliche と訳しているが（vgl. Platon, *Werke*, Bd. 4: *Politeia* (*Der Staat*) [Darmstadt: Wissenschaftliche Buchgesellschaft, 2005], 355），藤沢令夫氏はこれを「世間で思われているようなこと」と訳している。『プラトン全集 11　クレイトポン／

国家』岩波書店，1976 年，322 頁参照。

88） Vgl. Rust, *De nonnullis*, 56, 65.

89） Vgl. Karl Hase, *Lehrbuch der Evangelischen Dogmatik* (Stuttgart: J. B. Metzler, 1826), 9.

90） Vgl. *Hermes* 1824 (Bd. 22, 275-344; Bd. 23, 214-74).

91） アウグスト・デトレフ・クリスティアン・トヴェステン（August Detlev Christian Twesten, 1789-1876）。キールで K・L・ラインホルト，ベルリンでフィヒテとシュライアマハーにつき哲学と神学を学ぶ。1814 年キール大学で哲学・神学の員外教授，19 年同教授，35 年恩師シュライアマハーの後任としてベルリン大学正教授に就任。シュライアマハーの学問的伝統を継承して，教義学の発展のために尽力した。

92） Vgl. z. B. CG[1] § 38.

93） Vgl. *Über die Religion*, 3. Aufl., 21-30; ed. Pünjer 16-24.

94） ウェルギリウス，岡道男・高橋宏幸訳『アエネーイス』西洋古典叢書，京都大学学術出版会，2001 年，第 2 歌 49。なお，ダナイ人はギリシア人の別称。

95） Vgl. Delbrück, *Christenthum* 3, 40-41.

96） Vgl. CG[1] § 20.

97） F・C・バウアはシュライアマハーの神学的立場をこの用語で特徴づける。「理念的合理主義」は，単に理性の権威と自律性に立脚する通常の合理主義とは異なり，超自然主義に固有な歴史的形式があることを主張しつつ，同時に意識の諸事実と理性の諸理念に立脚しようとする合理主義を意味している。

98） Vgl. Baur, „Selbstanzeige," 224-225.

99） 新学期とは Sommersemester 1829 のこと。シュライアマハーは，1804/05 年の冬学期にハレ大学で教鞭を執り始めたので，1829 年の夏学期がちょうど 50 回目の学期にあたった。

解　題

1） Friedrich Schleiermacher, *Der christliche Glaube nach den Grundsätzen der evangelischen Kirche im Zusammenhange dargestellt,* 2 Bde (Berlin: G. Reimer, 1821-22); KGA I. Abt. Band 7,1-3.

2） G. Reimer 社は，西ポメラニア出身の Georg Andreas Reimer に

よって設立されたベルリンの出版社で，現在の Walter de Gruyter 社の前身のひとつ。シュライアマハーの *Kurze Darstellung des theologischen Studiums* の初版本（1811 年）を刊行した出版社 Realschulbuchhandlung も，1800 年に G. Reimer がこれを接収し，その事業を引き継いだ。Vgl. Anne-Katrin Ziesak, *Walter de Gruyter Publishers 1749-1999*, translated by Rhodes Barrett (Berlin & New York: Walter de Gruyter, 1999).

3）Friedrich Schleiermacher, „Über seine Glaubenslehre an Herrn Dr. Lücke," zwei Sendschreiben, *Theologische Studien und Kritiken* 2 (1829), 255-284, 481-532.

4）Vgl. Friedrich Schleiermacher, *Der christliche Glaube nach den Grundsätzen der evangelischen Kirche im Zusammenhange dargestellt,* 2 Bde, 2. umgearbeitete Aufl. (Berlin: G. Reimer, 1830-31); KGA I. Abt. Band 13,1-2.

5）*Friedrich Schleiermachers Sämtliche Werke* (Berlin: G. Reimer, 1834-64), I, 2: 575-653.

6）*Schleiermachers Sendschreiben über seine Glaubenslehre an Lücke*, neu herausgegeben und mit einer Einleitung und Anmerkungen versehen von Lic. Hermann Mulert (Gießen: Verlag von Alfred Töpelmann, 1908).

7）Friedrich Schleiermacher, „Über die Glaubenslehre. Zwei Sendschreiben an Lücke," in KGA I. Abt. Band 10, *Theologische-dogmatische Abhandlungen und Gelegenheitsschriften*, herausgegeben von Hans-Friedrich Trausen unter Mitwirkung von Martin Ohst (Berlin & New York: Walter de Gruyter, 1990), 307-394.

8）たとえば，近代キリスト教神学史の最も標準的な教科書である Horst Stephan & Martin Schmidt, *Geschichte der evangelischen Theologie in Deutschland seit dem Idealismus* (Berlin & New York: Walter de Gruyter, 1973) は，ここに列挙した人物以外にミュラー（Julius Müller, 1801-78）を挙げている。比較的最近の Jan Rohls, *Protestantische Theologie der Neuzeit I: Die Voraussetzungen und das 19. Jahrhundert* (Tübingen: Mohr Siebeck, 1997) も，ほぼ同様の顔ぶれとなっている（同書 571-581 頁参照）。しかし Otto Pfleiderer, *Die Entwicklung der protestantischen Theologie in Deutschland seit Kant und in Grossbritannien seit 1825* (Freiburg i. B.: J. C. B. Mohr, 1891) は，マ

ルテンセン（H. Lassen Martensen, 1808-84），ランゲ（Johann Peter Lange, 1802-84），シェンケル（Daniel Schenkel, 1813-85）など――但し，この三人の名前は Stephan=Schmidt でも言及されてはいる――にもかなりの頁数を費やして論評した上で，さらにリッチュル（Albrecht Ritschl, 1822-89）やリプシウス（Richard Adelbert Lipsius, 1830-92）までもを，調停神学者として扱っている（同書 193-252 頁参照）。

9） Vgl. *Über das Ansehen der heiligen Schrift und ihr Verhältnis zur Glaubensregel in der protestantischen und in der alten Kirche, Drei theologische Sendschreiben an Herrn Professor D. Delbrück in Beziehung auf dessen Streitschrift: „Philipp Melanchthon, der Glaubenslehrer," von D. K. H. Sack, D. C. J. Nitzsch, und D. Fr. Lücke, Nebst einer brieflichen Zugabe des Herrn D. Schleiermacher über die ihn betreffenden Stellen der Streitschrift* (Bonn: Eduard Weber, 1827).

10） Gottfried Christian Friedrich Lücke, *Über den neutestamentlichen Kanon des Eusebius* (Berlin: F. Dumler, 1816); *Grundriss der neutestamentlichen Hermeneutik und ihrer Geschichte* (Göttingen: Vandenhoeck und Ruprecht, 1817); *Kommentar über die Schriften des Evangelisten Johannes*, 4 Bde (Berlin: Eduard Weber, 1820-22).

11） Gottfried Christian Friedrich Lücke, „Erinnerungen und Dr. Friedrich Schleiermacher," *Theologische Studien und Kritiken* 7 (1834): 745-813.

12） Vgl. Horst Stephan & Martin Schmidt, *Geschichte der evangelischen Theologie in Deutschland seit dem Idealismus*, dritte, neubearbeitete Aufl. (Berlin & New York: Walter de Gruyter, 1973), 143-245.

13） Friedrich Schleiermacher, *Kurze Darstellung des theologischen Studiums zum Behuf einleitender Vorlesungen*. Kritische Ausgabe herausgegeben von Heinrich Scholz (Darmstadt: Wissenschaftliche Buchgesellschaft, 1910), §1; KGA I. Abt. Band 6, 325. F・シュライアマハー，加藤常昭・深井智朗訳『神学通論（1811 年／1830 年）』教文館，2009 年，129 頁。

14） Ibid.; KGA I. Abt. Band 6, 325.『神学通論（1811 年／1830 年）』129 頁。

15） Ibid., §5; KGA I. Abt. Band 6, 328.『神学通論（1811 年／1830 年）』131 頁。

16） Ibid., §9; KGA I. Abt. Band 6, 329.『神学通論（1811 年／1830 年）』

132 頁。

17） Vgl. ibid., §§24-31, 94-97, 195-231; KGA I. Abt. Band 6, 335-337, 362-363, 393-407.

18） Vgl. CG^2 §§15-16; CG^1 §2. ちなみに，三番目の形式はときに「教育的」（didaktisch）という一語で表わされる場合もある。Vgl. CG^2 §§16,1; 16,3.

19） この図は，Claude Welch, *Protestant Thought in the Nineteenth Century*, volume 1: *1799-1870* (New Haven and London: Yale University Press, 1972), 74-75 に示された図解を下敷きにしたものである。同様の図は，佐藤敏夫『近代の神学』新教出版社，1964 年，66 頁にも掲載されている。

20）『信仰論』第一版におけるキリスト教の定義は，「キリスト教は目的論的方向づけをもつ敬虔の特有の形態であって，その形態はそこにおけるいっさいがナザレのイエスの人格による救済の意識に関係づけられることによって，他のすべてのものから区別される」（CG^1 §18）というもので，第二版における定義と比べると，未だ厳密さに欠けるところがある。

21） シュライアマハーの神学が根本的に「キリスト中心的」（Christo-centric）な特質を有していることがここからも伺われるが，リチャード・R・ニーバーはさらに一歩踏み込んで，それを「キリスト形態的神学」（Christo-morphic theology）と名づけている。Vgl. Richard R. Niebuhr, *Schleiermacher on Christ and Religion: A New Introduction* (New York: Charles Scribner's Sons, 1964), 210ff.

22） *Schleiermachers Sendschreiben über seine Glaubenslehre an Lücke*, 35; KGA I. Abt. Band 10, 344. 本訳書 65-66 頁。

23） Ibid., 31; KGA I. Abt. Band 10, 339. 本訳書 58 頁。

24） Ibid., 32; KGA I. Abt. Band 10, 340; vgl. CG^1 §33,1.2. 本訳書 59 頁。

25） Ibid., 31; KGA I. Abt. Band 10, 339. 本訳書 58 頁。

26） Friedrich Schleiermacher, *Über die Religion. Reden an die Gebildeten unter ihren Verächtern* (Berlin: Johann Friedrich Unger, 1799), 50; KGA 1. Abt. 2, 211. 佐野勝也・石井次郎訳『宗教論』岩波文庫，1949 年，49 頁。

27） Ibid., 53; KGA 1. Abt. 2, 212; KGA 1. Abt. 12, 56: „wahre Religion ist Sinn und Geschmack für das Unendliche." 邦訳，51 頁。

28）Ibid., 56; KGA 1. Abt. 2, 214. 邦訳，54 頁。

29）Ibid., 73-74; KGA 1. Abt. 2, 221. 邦訳，67-68 頁。

30）Vgl. CG^2 §§5,1-5,Zusatz; 6,1-2; 8,2; 9,1; 10,2; 11,2-3; 14,1; 29,1; 30,1; 33; 34, etc.

31）シュライアマハーとヘーゲルの関係については，つぎの二書から多くのことを学ぶことができる。山崎純『神と国家　ヘーゲル宗教哲学』創文社，1995 年，増渕幸男『シュライアマーマッハーの思想と生涯──遠くて近いヘーゲルとの関係』玉川大学出版部，2000 年。

32）1816 年にヘーゲルをベルリン大学に招聘する最初の計画が挫折したとき，シュライアマハーはハイデルベルク大学のシュヴァルツに宛てて，むしろ遺憾の意を表明している。「貴学がわれわれからヘーゲルを奪ったことについては，わが大臣〔シュックマン〕に責任があります。哲学者を欠いた状態で本学がどうなるかは，神のみぞ知るです」。„Schleiermacher an F. H. Schwarz vom 15. 10. 1816,“ in *Hegel in Berichten seiner Zeitgenossen*, herausgegeben von Günther Nicolin (Hamburg: Felix Meiner, 1970), 139.

33）Karl Rosenkranz, *Georg Wilhelm Friedrich Hegels Leben* (Darmstadt: Wissenschaftliche Buchgesellschaft, 1963), 322; K・ローゼンクランツ，中埜肇訳『ヘーゲル伝』みすず書房，1983 年，280 頁。

34）Vgl. *Briefe von und an Hegel*, herausgegeben von Johannes Hoffmeister, Bd. 2: *1813-1822* (Hamburg: Felix Meiner Verlag, 1953), 221; vgl. Rosenkranz, ibid., 325-326, 邦訳 282-283 頁。

35）ローゼンクランツはエドゥアルト・ガンス（Eduard Gans, 1798-1839）の証言を引いて，シュライアマハーがヘーゲルの学士院入会を断固阻止したことが，ヘーゲルの心に激しい憎悪の火をつけたと記しているが（Rosenkranz, ibid., 326, 邦訳 285 頁），これは必ずしも正しくはない。プロイセン王立科学アカデミーは，もともと「哲学部門」，「歴史学・文献学部門」，「物理学部門」，「数学部門」の四分野に分かれていたが，ヘーゲルがベルリン大学に着任する以前に，すでに「数学・物理学部門」と「歴史学・哲学部門」への二分割が既定路線となっており，しかも歴史学と一つの部門に入れられた哲学は，絶対知に基づく独善的な思弁的哲学であってはならず，歴史的・批判的研究方法を用い，かつ他の学者たちとの共同作業に開かれたものでなければならなかった。こうした理由から，かつてのフィヒテと同様，ヘー

ゲルも入会の資格なしと判定されたのである。Vgl. Volker Gerhardt, Reinhard Mehring, und Jana Rindert, *Berliner Geist. Eine Geschichte der Berliner Universitätsphilosophie* (Berlin: Akademie Verlag, 1999), 70; vgl. Kurt Nowak, *Schleiermacher. Leben, Werk und Wirkung*, 2. Aufl. (Göttingen: Vandenhoeck & Ruprecht, 2002), 434.

36）Adolf von Harnack, *Geschichte der Königlich Preussischen Akademie der Wissenschaften zu Berlin (1900)*, Bd. I.2, *Vom Tode Friedrich's des Großen bis zur Gegenwart* (Hildesheim & New York: Georg Olms Verlag, 1970), 735.

37）1820 年 5 月 5 日の総長宛ての書類には，「宗教哲学」講義の申請はなされていない。残されている資料から推測すると，ヘーゲルは遅くとも 1820 年の年末までに「宗教哲学」の講義をすることを決断し，大急ぎで講義ノートを準備したものの，1821 年 4 月 30 日の講義開始時には全体の講義ノートは完成していなかったと思われる。講義は 8 月 25 日まで週 4 時間，17 週間にわたって続けられたが（受講者は 49 名），講義開始直後の 5 月 9 日にはハイデルベルクの神学者カール・ダウプに宛てて，つぎのように書き記している。「わたしが聞き知る限りでは，シュライアマハーが同様に教義学を出版するとのことです。それを聞いてつぎのようなエピグラムが思い浮かびます。『ひとは長らく模造硬貨で支払うことができるが，それでも最後には財布を取り出さねばならぬ！』――しかしこの財布も模造硬貨しか払えないかどうか，われわれは見極めねばなりません」（„Hegel an Daub vom 9. 5. 1821," *Briefe von und an Hegel,* 2: 262）。とかくするうちに，6 月 27 日にシュライアマハーの『信仰論』上巻が刊行され，ヘーゲルはただちにそれを読み，論敵のこの書物に対する憤懣を講義のなかにも反映させている。Vgl. Georg Wilhelm Friedrich Hegel, *Gesammelte Werke*, Bd. 17: *Vorlesungsmanuskripte I (1816-1831)*, herausgegeben von Walter Jaeschke (Hamburg: Felix Meiner Verlag, 1987), 353-355.

38）Peter C. Hodgson, "Editorial Introduction," in Georg Wilhelm Friedrich Hegel, *Lectures on the Philosophy of Religion*, vol. 1 (Berkeley, Los Angeles, & London: University of California Press, 1984), 2.

39）*Briefe von und an Hegel*, Bd. 2, 252-257.

40）Hegel, „Vorrede zu Hinrichs' Religionsphilosophie [1822]," in *Werke in zwanzig Bänden,* Bd. 11, *Berliner Schriften 1818-1831* (Frankfurt am

Main: Suhrkamp Verlag, 1970), 57; ヘーゲル，海老沢善一編訳『ヘーゲル批評集』梓出版社，1992 年，238 頁。

41） Ibid, 58;『ヘーゲル批評集』239 頁参照。

42） G. W. F. Hegel, *Vorlesungen. Ausgewählte Nachschriften und Manuskripte* 4a, *Vorlesungen über die Philosophie der Religion*, Teil 2: *Die bestimmte Religion*, herausgegeben von Walter Jaeschke (Hamburg: Felix Meiner Verlag, 1985), 64.

43） Ibid., 123.

44） G. W. F. Hegel, *Vorlesungen. Ausgewählte Nachschriften und Manuskripte* 3, *Vorlesungen über die Philosophie der Religion*, Teil 1: *Einleitung. Der Begriff der Religion*, herausgegeben von Walter Jaeschke (Hamburg: Felix Meiner Verlag, 1983), 184.

45） 伊藤慶郎『シュライアマハーの対話的思考と神認識――もうひとつの弁証法』（晃洋書房，2013 年）は，『キリスト教信仰』における「絶対依存の感情」を，講義録『弁証法』（KGA II. Abt. Band 10,1-2）との連関において理解することの必要性を指摘しており，今後のシュライアマハーにとって重要である。同様に，川島堅二『F・シュライアマハーにおける弁証法的思考の形成』（本の風景社，2005 年）も，シュライアマハーの弁証法について掘り下げた考察を展開しており，啓発的である。

46） Vgl. *Schleiermachers Sendschreiben über seine Glaubenslehre an Lücke*, 21, 31, 33; KGA I. Abt. Band 10, 324, 339, 341. 本訳書 34, 58, 62 頁。

47） Vgl. ibid., 38. 本訳書 73 頁。

48） CG[1] § 2, Anm. b.

49） *Schleiermachers Sendschreiben über seine Glaubenslehre an Lücke*, 21. 本訳書 34 頁。

50） Ibid., 64. 本訳書 125 頁。

51） Ibid., 65. 本訳書 125-126 頁。

52） Ibid., 61. 本訳書 118-119 頁。

53） Vgl. Peter C. Hodgson (Ed.), *G. W. F. Hegel: Theologian of the Spirit* (The Making of Modern Theology) (Minneapolis: Fortress Press, 1997); idem, *Hegel and Christian Theology: A Reading of the Lectures on the Philosophy of Religion* (Oxford: Oxford University Press, 2005), 3-21.

54） *Schleiermachers Sendschreiben über seine Glaubenslehre an Lücke*, 28; KGA I. Abt. Band 10, 333. 本訳書 49 頁。

55） Ibid., 38; KGA I. Abt. Band 10, 348. 本訳書 72 頁。

56） Ibid., 22; KGA I. Abt. Band 10, 326. 本訳書 35 頁。

57） Ibid., 34; KGA I. Abt. Band 10, 342. 本訳書 62 頁。

58） Ibid., 21; KGA I. Abt. Band 10, 324. 本訳書 34 頁。

59） 増渕幸男『シュライアーマッハーの思想と生涯』参照。

60） G. W. F. Hegel, *Vorlesungen. Ausgewählte Nachschriften und Manuskripte* 5, *Vorlesungen über die Philosophie der Religion*, Teil 3: *Die vollendete Religion*, herausgegeben von Walter Jaeschke (Hamburg: Felix Meiner Verlag, 1984), 268-269; ヘーゲル，山崎純訳『宗教哲学講義』創文社，2001 年，391 頁参照。

61） *Schleiermachers Sendschreiben über seine Glaubenslehre an Lücke*, 40; KGA I. Abt. Band 10, 350-351. 本訳書 76 頁。

62） ゲルハルト・シュピーグラーは，「永遠の契約」という概念に格別に重要な意義を見出し，それをシュライアマハーに関する自著の表題にしている。Vgl. Gerhard Spiegler, *The Eternal Covenant: Schleiermacher's Experiment in Cultural Theology* (New York: Harper & Row, 1967).

63） *Schleiermachers Sendschreiben über seine Glaubenslehre an Lücke,* 37; KGA I. Abt. Band 10, 347. 本訳書 70 頁。

64） Vgl. Christoph Benjamin Klaiber, „Ueber Begriff und Wesen des Supranaturalismus, und die Versuche, ihn mit dem Rationalismus zu vereinigen, mit Rücksicht auf die Schrift: Briefe über Religion und christlichen Offenbarungsglauben, Worte des Friedens an streitende Partheien von D. H. A. Schott etc. Jena 1826, und auf einige andre neuere Schriften und Ansichten über diesen Gegenstand," in *Studien der evangelischen Geistlichkeit Wirtembergs*, Bd. 1, Heft 1 (Stuttgart 1827), 102-103; KGA I. Abt. Band 10, 534-535. なお，ヴュルテンベルク（Würtemburg）は，かつては Wirtemberg とも呼ばれていた。この雑誌名はそこから来ている。

65） Friedrich Schleiermacher, *Über die Religion. Reden an die Gebildeten unter ihren Verächtern* (Berlin: Johann Friedrich Unger, 1799), 54-55; KGA I. Abt. Band 2, 213. シュライエルマッハエル，佐野勝也・石井次

郎『宗教論』岩波文庫，1949 年，52 頁。

66） *Schleiermachers Sendschreiben über seine Glaubenslehre an Lücke*, 25; KGA I. Abt. Band 10, 330. 本訳書 43 頁。

67） Ibid., 22; KGA I. Abt. Band 10, 325. 本訳書 35 頁。

68） Vgl. ibid.; KGA I. Abt. Band 10, 325. 本訳書 36 頁。

69） Vgl. ibid.10, 45, 48, 62; KGA I. Abt. Band 10, 313, 359, 362, 384. 本訳書 12, 87, 92, 121 頁。この観点からシュライアマハーの神学を最も厳しく糾弾したのは，本書のなかでもたびたび引き合いに出されるフェルディナント・クリスティアン・バウア（Ferdinand Christian Baur, 1792-1860）である。

バウアはシュライアマハーの立場を，単に理性の権威と自律性に立脚する通常の合理主義（啓蒙主義的合理主義）に対比して，「理念的合理主義」（der ideelle Rationalismus）として特徴づけるが，これは「超自然主義に固有な歴史的形式」をもち，かつ意識の諸事実と理性の諸理念に立脚したものである。バウアによれば，シュライアマハーが三つの教義学的形式のうちの第一のもの（絶対依存の感情あるいは自己意識の様態としての神意識）を，第二，第三の形式（神および世界と教会）の基礎に据えたことは，この「理念的合理主義」の特徴を端的に示している。しかしキリスト者の敬虔自己意識がキリスト教会に媒介されているとしても，キリスト教信仰の規範として個が共同体に先行するかたちのシュライアマハーの『信仰論』においては，歴史的・教会的要素がキリスト教にとって不可欠の本質的要素である，と見なされなくなる恨みがある。キリスト教においては，「いっさいがナザレのイエスによって成就された救済に関係づけられる」（CG^2 §11）という命題にもかかわらず，『信仰論』の構造そのものが暗示しているように，歴史的なものは哲学的・理念的なものに従属しており，原型的・理想的なキリストが史的イエスに先行し，それを規定することになっている，というのである。

本書に見られるように，シュライアマハーはバウアのこの批判に反論を試みているが，筆者の見るところでは彼の弁明はもう一つ説得力を欠いている。つまり，「この教義学が彼を原型的として表象するとき，それはいかなる権利をもって，そのキリストを同時に歴史的と見なすのであろうか」（Ferdinand Christian Baur, *Die christliche Gnosis, oder die christliche Religions-Philosophie in ihrer geschichtlichen*

Entwicklung [Tübingen: C. F. Osiander, 1835], 652）というバウアの問いに，シュライアマハーは十分答えることができない。ここに「意識神学」と称されるシュライアマハー神学の重大な欠陥がある。Vgl. Peter C. Hodgson, *The Formation of Historical Theology: A Study of Ferdinand Christian Baur* (New York: Harper & Row, 1966), 17, 43-47, 50.

70）シュライアマハーはこの書簡のなかで，先在のロゴスの受肉について語る「ヨハネによる福音書」第1章第14節の聖句を，「すべての教義学の根本テクスト」（der Grundtext der ganzen Dogmatik）と呼んでいるし（*Schleiermachers Sendschreiben über seine Glaubenslehre an Lücke*, 34. 本訳書64頁），『信仰論』そのもののなかでも，イエスを救済者として信じるキリスト教信仰を，とりわけヨハネを引き合いに出して論じている（CG^2 §14,1）。さらに，『信仰論』における聖書，とくに福音書の引証状況を調べても，「ヨハネによる福音書」は他を大きく引き離している。シュライアマハーにおけるヨハネの偏重という批判は，こうした事実によってそれなりに裏づけられるであろう。

71）Albert Schweitzer, *Geschichte der Leben-Jesu-Forschung*, Bd. 1 (Hamburg: Siebenstern Taschenbuch Verlag, 1972), 100. シュヴァイツァー，遠藤彰・森田雄三郎訳『イエス伝研究史（上）』「シュヴァイツァー著作集」第17巻，白水社，1960年，138頁。シュヴァイツァーに先立って，シュライアマハーの伝記記者でもあるディルタイがすでに，この偉大な体系的神学者を「まったく非歴史的な思想家」（ein ganz unhistorischer Kopf）であると見なしている。Wilhelm Dilthey, *Gesammelte Schriften*, Bd. 13/2, *Leben Schleiermachers*, Erster Band, auf Grund des Textes der 1. Auflage von 1870 und der Zusätze auf dem Nachlaß herausgegeben von Martin Redeker (Göttingen: Vandenhoeck & Ruprecht, 1970), 155; vgl. *Schleiermacher as Contemporary*, edited by Robert W. Funk (New York: Herder and Herder, 1970), 41-42.

72）Ibid., 101. 邦訳書139頁。なお，全体との整合性を取るため，表記を一部改めた。

73）Ibid., 104. 邦訳書146頁。

74）Ibid., 105., 邦訳書148頁。

75）Ibid. 邦訳書148頁。

76）　シュライアマハーの『信仰論』は，わが国では今日に至るも未だに完訳されていない。存在するのはすべて抄訳の類であり，それには以下のようなものがある。大島豊訳『シュライエルマッハアの信仰論』第一書房，1934 年（これは厳密な訳ではなく，ダイジェスト的翻訳とでも称すべきものである），三枝義夫訳『信仰論序説』長崎書店，1941 年（これは第二版の序論の全訳である。部分的に訂正すべき個所があるが，全体的にはかなり良い仕事である），今井晋訳「キリスト教信仰（抄）」白水社，1974 年（これはとくに重要な部分のみ訳出したものである。訳文の精度はかなり高く信頼できる），そして松井睦訳『信仰論　下巻――第一分冊「キリスト論」』シャローム印刷，2013 年，『信仰論　下巻――「キリスト論」第二分冊（付録リュッケへの手紙）』シャローム印刷，2014 年（この二冊は『信仰論』のなかのキリストに関する §92 から §99 を訳出したもの）などである。